All Voices from the Island

島嶼湧現的聲音

受苦的倒影

Reflection(s)
of/on
Suffering

魏明毅

灰濛年代，我們是目睹亦倖存的生者。

一旦開始深刻理解，並且追問：

在自身與他人的苦難裡，我（們）要走向何處？

灰濛自此有了意義，

並且，有所指向。

目次

推薦序

安靜而深入，深處即遠處——讀《受苦的倒影》

• 吳易叡

這是一本打開後，難以闔上的備忘錄。

記得將近二十年前，我還是住院醫師的身分，穿梭在淡水和林森北路兩處的精神科急性病房和急診室之間。常常覺得自己正努力學習的臨床技巧，實際上並不足化解那些「病患」一併扛到診間的社會問題。失望如我因此決定半路離開，成為精神醫學史的學徒。

在醫學史的汪洋之中，學習探究不同時代疾病或健康問題的社會文化，乃至於政治經濟根源。但以一介學者的身分，卻再也無法親自應對那些在候診室所遭逢的一張張焦急的臉，和一對對驚恐無助的眼神。於此同時，卻也深知就算不離開臨床工作，現今高壓而過勞的醫療環境，也讓許多專業工作者心餘力絀。直到讀到這本由將近四十篇筆記組成的便箋合集，才讓人眼睛一亮：原來，還是有如此勞頓繁忙的臨床工作者，能如此不忘初心。

離開人類學研究生的身分，重返職場的魏明毅，再度投入心理師的工作崗位雖然已經好幾個寒暑，但儼然，諮商心理師這個專業早就無法框架她面對求助者的角度、思考受苦本質的方式，甚至限制她回應的策略。在疫情中展開書寫的她和往常一樣，必須日夜出入精神醫療院所和其他機構。藉由這本備忘錄，作者想要放大的，並非她自己或是服務個案的容顏——雖然在每一則筆記當中都細細刻劃——而是那些她在上班途中、學校、政府機關、火車上、市場裡所遭逢的大小事件。有時候書寫的對象如此地尋常，以至於不構成「事件」，但這卻凸顯了從尋常性中提煉出一連串的撫躬自問，有多麼艱鉅。

在序中，作者亟欲撕去身分標籤的詔告：「我已無法再純然以過往助人者或醫事人員的角色位置，去觀看與理解所接觸的人群、生活，以及其身後的『個別故事』……」這些故事組成了書中的三部曲。這三部曲並無簡短有力的標題，似乎暗示了要能夠精準形容書中關照的主題，是不可能的。透過這些故事，穿戴兩種身分的說書人，雖然提著心理工作者的公事包，卻深具人類學家的火眼金睛，幫讀者們探照、聚焦那些在臨床情境裡，遭到刻意或無心漠視的角落。而那些看似枝微末節，不靜下心來就無從感知的各種脈絡，才正是真正造成傷害的源頭，或是尋求解套的開端。

穿梭在心理諮商專業和廣袤的田野之間，明毅培養出一套對於精神疾病獨特的見解。對精神醫學而言再重要不過的診斷，對於作者而言卻不再關鍵。原因是「以指標症狀為判準，形成去脈絡的診斷」無法回應生命在生活世界裡真實的苦境。執著於臨床圖像的剖面，不如從旁洞悉那些「候診與診間的經驗記憶、診斷後的標記與其每日密集吞食的藥物」、那些「以快速而充滿不可預測的形式，積極參與著一個年幼生命的生長，滲進其世界的現在和未來」的生命片段。她精準地指出精神疾患，實際上是在特定脈絡中，地方人觀和政治經濟市場相互纏繞的具現後果，「全然病理化抑或浪漫化、美學觀點，也許充滿善意，卻同時也肯認了它所給定的邏輯與明喻，再次地，將受苦界定為瘋狂與失序。」

我想起《村上春樹去見河合隼雄》的對談筆記裡，小說給心理分析師產生的靈感。一則則故事的開展沒有診斷，也毋須處方，但它們有清楚的人事時地物，構成元素遠比診療室裡窺見的時間橫斷面還要複雜多元。河合隼雄深深著迷小說的魔力，一開始甚至狐疑，為什麼故事有時沒頭沒尾的，卻如此具有強大的療癒力？說穿了，是小說家對每一宗個案生命安靜而深入的參與。而這本書裡的故事並非虛構，而是真真切切的生命。也正是人類學賦予明毅的觀察力，每一則故事讓人讀了便知道問題所在，便瞭然於心。

近年來，批判精神醫學的書籍比比皆是。如果沒有完整讀過整本備忘錄，讀者可能很容易落入同樣的迷思，認為這樣一本書又是拒斥專業的牢騷。雖然有時作者的筆觸顯得著急，但批判專業卻非作者提筆的唯一目的。畢竟作者參與的諸多個案，都必須和不同的專業工作者分工合作，從醫師、教師、社工到法官、家長。她所提出的觀察，旨在對「實驗科學與生命世界之間，存在著巨大鴻溝」提出自省：「自然科學依然難以回應苦難工作與其形貌的複雜瞬變，但卻已然在心理相關領域駐地成神聖地位。」

在整部書中，作者所提問的比解答多。同樣的，給出答案也不是她的主要目的，反而是藉由一再遭逢的「倫理困境」，鋪陳出真正的病理，存在於那些不願面對危機，怠於尋求改變的專業語境之中。這些不作為，與尋求綏靖的文化呼應，鞏固了看似「沒有惡人」的社會結構，也同時放大了資本主義社會中受到認可、吹捧、放大的價值。當危機產生時，人們依循著惰性選擇避之而不及。因為追求安適，害怕改變，而選擇不去揭發隱藏在這些安全網孔隙中的當然之惡。因為如此，才有那麼多失能的家庭、停擺的專業服務，和無動於衷的社會。

由於是備忘錄，這本書不需要一氣呵成讀完。讓人驚豔的是每篇簡短的文章，幾乎都有一段可視為通篇注解的段落。段落裡字字金句，不知要花多少工夫始能冶煉出來。這些段落並不會出現在文章的結尾，有時候只會在看似零碎的筆記中輕輕帶過。而每一句低聲細語，其實都是沉重的吶喊和參悟。

行文至後半部，作者更明確指出了造成層疊壓迫機制的源頭，其實是那些想要避免系統崩潰的各種力道。這些力道當然可以用更生硬的「結構之惡」、「制度性歧視」來解釋，但作者卻選擇道出在不同臨床、非臨床的「處遇」之中的軼事。它們發生的地點不在單一制度之中，而是由許多制度重疊所構成的聯集，或是並存卻互斥的晦暗地帶。用作者的話說，這些一旦面對危機就變得遲滯、被動的科學、醫療、法律、教育制度，便是所謂「不當系統」的成分。當它們失能，便衍生出各種問題與代價，「以各類病理隱喻與個別化敘說作為橋接，粗魯或細膩地，滑入脆弱無語那一方的身體與心靈。」

既然並非診斷，作者當然不會給出處方。從書的一開頭，作者就試圖摸索應答受苦的方式，沒有顯而易見的方法學，也沒有清楚的結論。在專業困境之中，她選擇了溫暖陪伴。除了懷疑自己是否專業與知識技藝上有所不足，甚至自我貶抑「無法作為」，卻又不願落入她在書中一貫批判的專業傲慢之中。陪伴之外，她認為「只有凝視還不夠，必須動身」，只有在行動中才能看得見、感受到，甚至下定決心解開那些在日常生活中，人與人、人與結構、人與時代碰撞磨擦產生的癥結，也便是那些非醫源性的病痛起因。

自嘲為「碎語」，這些零碎的故事卻是作者領悟受苦本質的透鏡；而我們的生命正是由這些呢喃組成的風景畫。在翻越一座座山嶺的同時，這本備忘錄提醒了我們如何沉住氣、如何安靜而深入而能夠行至遠處，看見山的全貌，也看見自己心的倒影。

（本文作者為成功大學全校不分系副教授）

推薦序

攀緣壁虎呱呱銳鳴：不斷斷尾再生的苦難工作者

• 趙彥寧

擁有田野調查專業訓練的魏明毅，從事心理諮商工作已逾二十年，本書乃她繼《靜寂工人》（二〇一六）的後續之作。二者皆致力描繪當代臺灣社會中，個人往往難以言說、甚或混沌未明的身心苦痛，並試圖闡釋該類感知如何關聯整體社會結構與國家權力，但是兩書的書寫對象以及敘事筆調，大有不同。《靜寂工人》改寫自碩士論文，旨在鋪陳因全球供應鏈重組，而驟然失志的基隆碼頭工人，主題明確，條理連貫，受苦人群彼此禍福相倚，故而其生命情境易於理解，且隱含強勁的閱讀療癒力道。《受苦的倒影》則為札記文類，書寫對象同時包括處遇個案、安置機構與法院、各類個案研討、網絡會議和助人工作者。魏明毅穿梭城鄉之際的掠影式觀察、以及她的反思和複雜情感，每篇長短不一，刻意不循線性時間序列，幾乎皆以提問告終。而「備忘錄」之自我定位，不僅彰顯了這些貌似片段紀錄的意義開放必然性，也是魏明毅以及恐怕不少所謂助人工作者反覆自省切莫遺忘任何蛛絲馬跡的龐大焦急與憂慮。

從精神醫學或心理諮商角度切入，以書寫社會苦難之專著甚夥，知名者包括達悟族的精神失序、兩次世界大戰與中國文化大革命的創傷後壓力症候群、被拋棄至巴西療養院的精神分裂婦女和愛滋患者等等。身心苦痛顯然為現代社會之常態，其可被分類、命名、診斷的症狀，與特定的歷史及政經脈絡息息相關。那麼，魏明毅等助人專業者的焦慮源自於何？必須鑲嵌在什麼樣的社會脈絡中，所謂非專業的讀者方得理解？而如此可能費勁的理解過程，可否裨益吾人探索當代臺灣的認知疆界？又是否可以激發新興社會行動？

首先，必須說明晚近臺灣仿自西歐的社福體系介入模式。依處遇個案的危急程度，其工作架構概分如下。一、「初級預防」：主要對象為一般家庭，協助途徑包括提供諮詢、資源轉介、親職教育、經濟扶助、以社區大眾及校園師生為對象之宣導、志工培訓等等活動；二、旨在避免可預見之傷害事件嚴重化的「二級預防」：比如「脆弱家庭」協助方案；三、立即終止已發生之傷害事件以進行保護和司法工作的「三級介入」：對於受暴兒少、家暴和性剝削受害及加害者、自傷自殺、精神疾患等對象的治療和處遇。魏明毅以專家和督導身分涉入的，是第二級和第三級，這是本書處遇個案多為兒少和受暴婦女的原因。

其次，由本書提供的諸種個案，可知社會問題日趨多元。加害者、受害者、及其他親密者之間的複雜關係與傷害脈絡，更常超越助人工作者對於人性為何的認知範疇。不單單魏明毅，許多長年服務各地方政府兒少及婦女權益促進委員會的醫療、法律、社科學界人士，早已指出此一事實。涂爾幹等古典社會學家，可能會說該事實反應了現代資本主義社會由有機連帶轉為機械連帶的結構性變化；傅柯派批判精神病理學者，恐怕會認為快速勃興的身心問題，乃為現代國家權力如毛細管般滲透社會生活各領域的效應。魏明毅的記述，顯示以上鉅型理論與晚近在地社會的具體生命樣貌或有脫鉤。為何如此？

由本書提供的見證性資料可以推斷，原因有三。第一，尤其對於臺灣這個急於「現代化」的「後進國家」，為因應前述身心問題，促使社福社工體系快速體制化和層層分工化，然而輔導、特教、警政、社工、社福資源卻遠為不足。相關人員不僅忙於接案，甚且因為機構經費減縮，而不得不承接與自己專業無關的行政業務，以致於精疲力竭，並往往成為較處遇個案更加難以令大眾理解的另類受苦者。

第二，正因為既存人社學科專業知識和理論追趕不上急速變化的社會情境，也因學科分工導致不同專業領域合作困難，故而發展出本書提及的各類會議。比如「個案研討會議」、「兒少保護跨網絡合作會議」、「兒少重大決策會議」、「成人家暴高危機網絡會議」、「重大社會案件檢討會議」。跨域會議彷似實踐民主討論與多方協議，但卻不時再製或甚且強化了科層形式主義以及官僚權威。不僅如此，個案和社工的受苦體驗，幾乎無法再現於所謂科學理性的分析話語之中。行禮如儀的會議進程和失焦的會議內容，也連帶否決了處遇過程看似瑣碎實則關鍵的細緻描述，故相當可能影響了決議的適當性。而這也是魏明毅不能不藉由類似「說故事」的方式撰寫此書——因為這個不見容於新自由主義官僚體系的人類古老意義生產和傳達技藝，恐怕才是揭露層層幽晦受苦真相的不二之徑。

第三，故而，魏明毅另創新詞，將困境重重的「助人工作者」改稱為「苦難工作者」。她／他們踏入職涯未久，即快速喪失預設人性美好的天真；又因受縛於官僚體制以及他者和自身的苦痛，還必須摸索倫理的邊界究竟在何處。必須指出，上述困境並非社工和諮商人士獨有。在晚近自由主義社會裡，儘管戰爭、工業生產、警務已可委由無人機、機器人、監控攝像等技術物代理，諮商、社工、法庭、田野工作等等攸關生命倫理的社會領域，仍需「真實之人」的涉入與判準——因此，魏明毅的焦慮，實為當代社會的核心議題。我們大家，都是苦難工作者。

最後，必須提醒讀者：本書的閱讀經驗並不輕鬆愉快，每樁個案的情節令人不安不適。比如，對老師和同學嫻熟使用病識話語的十歲孩子、似乎因遊戲爭執而彷彿無所謂地殺掉妹妹的小哥哥、在貌似安穩平靜的家庭裡不知為何殺死媽媽的青年、堅決生下與父亂倫之子且被長輩欣喜接受的十二歲女孩、無法理解暴力情緒而訴諸塔羅牌的監護所少男、離開處遇機構後試圖脫離幫派卻遭棒死懲處的「問題少年」、嘲笑不帶名牌包的社工督導「混得不好」的「問題少女」、自知有難仍返家的受暴婦女、怒聲恐嚇報復前述三級介入者的殺妻男子、堅拒「問題少年」返校就學的家長會和受命於其的校長、只顧著在政府行政會議上誇誇其談的學者專家，等等，等等。然而，這也就是本書可貴之處。這些擾亂情思的故事，彰顯了同情共理的限制，而也因吾人必須同魏明毅一起警醒這個限制，不再受惑於心靈雞湯式的罐頭撫慰，對危機和苦難的細緻感知，方可如壁虎般不斷斷尾求生並再生，而讓那些更貼近生命真實的社會行動能夠前行。因此，《受苦的倒影》發出的，絕非絕望的吶喊，而是誠實交託信任的懇切請託——如同出現數次的個案「小新」向魏明毅展示的，無條件交付的信任，雖然是不諳世事的、是危險的、是效應未知的，但也因此是情感力道最強的倫理行動。

（本文作者為東海大學社會學系教授）

延伸閱讀

- 蔡友月，《達悟族的精神失序：現代性、社會變遷與受苦的社會根源》。臺北：聯經，二〇〇九。
- 魏明毅，《靜寂工人：碼頭工人的日與夜》。臺北：游擊文化，二〇一六。
- Biehl, João著、Torben Eskerod攝影，陳秋山、李佳霖、曹寶文譯，《求生意志：愛滋治療與存活政治》(*Will to Live: AIDS Therapies and the Politics of Survival*)。新竹：國立交通大學出版社，二〇一五。
- Biehl, João著、Torben Eskerod攝影，葉佳怡譯，《卡塔莉娜：關於生命療養院，以及人們如何被遺棄的故事》(*Vita : Life in a Zone of Social Abandonment*)。新北：左岸文化，二〇一九。
- Durkheim, Emile著，馮韻文譯，《自殺論》(*Le Suicide: Etude de Sociologie*)。臺中：五南，二〇一八。
- Foucault, Michel著，《瘋癲與文明》(*Folie et Déraison: Histoire de la folie à l'âge classique*)。北京：生活．讀書．新知三聯，二〇一八。
- Kleiman, Arthur著，卓惠譯，《談病說痛：在受苦經驗中看見療癒》(*The Illness Narratives: Suffering, Healing and the Human Condition*)。臺北：心靈工坊，二〇二〇。
- Kleiman, Arthur著，郭金華譯，《苦痛和疾病的社會根源：現代中國的抑鬱、神經衰弱和病痛》(*Social Origins of Distress and Disease: Depression and Neurasthenia in Modern China*)。上海：上海三聯，二〇〇八。
- Povinelli, Elizabeth A., *The Cunning of Recognition: Indigenous Alterities and the Making of Australian Multiculturalism*. Durham: Duke University Press, 2002.

- Povinelli, Elizabeth A., *The Empire of Love: Toward a Theory of Intimacy, Genealogy, and Carnality*. Durham: Duke University Press, 2006.
- Halberstam, Judith,, *The Queer Art of Failure*. Durham: Duke University Press, 2011.

像偵探那樣觀看——沒有故事，眼前盡是一樁樁的事件

與島上絕大多數勞動者一樣，我幾乎埋首於連綿不斷的工作裡。那裡的日夜算不上分明，文明與蠻陌經常交疊出現，苦難與歡愉之間，似乎連模糊的界線都不存在。對於這樣長期以來用力卻又朦朦朧朧的生活，總感到有些不太對勁。

為了回應那股揮之不去的迷濛，我於二〇〇八年離開看來已平穩近十年的心理諮商工作，全心專意回到校園。像魚渴望水那般，熱切地盼望借助人類學

的訓練，在探問與知識生產取徑上，能將自己的視框轉向更為全貌與貼地。跳離原本見樹不見林的視角，期盼更清楚看見此刻生活、生命模樣與它的來龍去脈。

何其幸運，隨著人類學課堂、田野與論文改寫出版《靜寂工人：碼頭的日與夜》，此長長歷程的點點推進，某個於我自身視界、存在形態的分界點，隱然浮現。

二〇一二年由學校與田野重返工作，我依舊緊湊與不同性別、年齡、產業別的工作對象，發展著一連串的談話，在他們因其身心的日常受暴、重大傷害事件、進出監所或精神醫療診間病房之際，我們相遇；以及，更多時候，奔跑於島內外各地區，我為不同領域專業工作者，所不得不密集展開有關高風險家庭、特殊身心狀況、校園危機事件、兒少與婦幼安置等議題的訓練課程與會議。

這是與多年前如此相似的工作景象，而我已無法再純然以過往助人者或醫事人員的角色位置，去觀看與理解所接觸的人群、生活，以及其身後的「個別故事」，我所經歷的是截然不同的陌生體會——眼前所見看似各自相異獨立的苦厄現場與事件，卻更像是共時性般地彼此關聯。

由於不明白與不安，我開始記錄因工作所會見的事件、及隨其頻繁移動於都會鄉野之間的生活片段。

而後，那散落四處沒有情節、平板、稍縱即逝的事件群與眾場景，逐漸匯集映射出若隱若現並有所意涵的景象；每段歷程與事件，看似獨自發生毫無因果關係，卻有著意義上的緊密關聯。那看來斷裂不可理解的，源於人們集體錯過與遺漏了許多看似細瑣的珍貴線索。

在那裡：

過往細微事件，蔓生著此日的厲聲結局；

那原本用以解決疑難的，正創造著此刻接踵而來的複雜問題；
眼前的事件，回答著彼時困惑；
事實給出了答案，同時也打開更深且多向的疑惑；
一如以往的日常，生衍著此時災厄、指認著藏於正常裡的奇異；
彼時事件標記著已定真相，其意義與影響卻隨時間瞬變。

我似乎不再僅只能被動地消耗與埋身於那一段段有關苦厄的談話與訓練勞動。那散布全島各地，由各地會議室、講演廳與會談室所串連推架而出的生活世界，成了意義蘊含的多點田野地（multi-sited）；再次地，我有意識地既跑且蹲，重新動身磨練起耐力心智眼光，盡可能收納所見所聞，試圖探究那表面看來毫無關聯的無數「彼」「此」，正演示著什麼樣的當代生命地景。

世界以痛楚的方式現身，而其面貌卻又如此迷離不清。跳躍過我與事件的遭逢時間序，我將它們一一置放於當代體系裡，一再地排列、重組、分析；藉由事件群的反覆推敲，構築對問題的理解、推進思考。這樣的過程，目的不在找到真理，而是去追問，那暫時識見的全貌，能否至少回答於我個人而言、幾近永恆的三個問題：眼前正在發生著什麼、如何發生，以及，人能如何回應。這是源於一路以來對他人痛苦的目睹而無法不去思考的問句，同時，亦立基於我對於「人作為能動主體，寓居於世」的假設。

因而此備忘錄的排列次序，並不循著時間軸線，是在這段時日裡，我參與、觀看、思考、理解，以及回應的往返歷程。篇與篇之間，既各自獨立亦相互指涉牽連；以「三個現場」區分出不同事件群與場景，目的是為了作為與讀者溝通的參考架構：在第一現場裡，我嘗試將被普遍病理化而建檔入櫃的苦難，逐一出櫃展開，打開已過度常態化的病理標記，讓「忽明忽暗的苦難形貌」得以回到生命處境被如實理解；而苦難工作的後臺，正牽連著苦厄的日後面貌，在第二現場「藏身於階級與權力裡的平庸」，我將眼見當代隨階級與權力而來的自戀與冷漠，對照以苦難工作如何被滯留於此刻由政經結構與社會情境——各式資本與形式主義共構的象徵式菁英——所匯流而成的平庸。

面對政經生態因全球商品供應鏈的瞬變與臺灣象徵性菁英的國家治理模式，除卻在週期性的固定時刻，於公領域具現公民身分之外，人尚且需要於私人領域重拾日常的主體意識——深刻思考並有所能動，因而在第三現場，是我素樸的熱切野心，冀望暫借「生命的多重歷程與開放結局」隱喻，人的存在狀態，能因直視所處政治經濟與社會文化情境，得以跨過其指劃出的核心與邊緣二分，在那兩者「之間」，生衍無數的可能與去向。

書裡的日期，除了其中幾日因可能指出具體的地方與人物，而有些調整更改，其餘皆是實際記載之日；另外，文字、段落的轉換與事件描繪的結束時機，若帶來疑問不解與閱讀上的停頓，書寫的原意在於拉緩閱讀的目光流速，邀請讀者去細察那些原以為熟悉卻可能略過的細節；此外，除了幾處為了簡易標示人物的不同而使用「她」作為人稱代名詞，備忘錄裡的第三人稱「他」，皆是用以指稱所有性別的中性代名詞。

最後，這雖然只是一份備忘紀錄，卻也耗盡無數難以成眠的夜晚，此間被硬磨練出來的耐心與意志，是來自我對那段際遇的回報——在歷經漫長獨行的苦難工作之後，那起始於當時人類學課堂與田野所開啟一連串與人的美好遭逢。在那裡，我被給予了機會，得以對此生而後的生命與世界，重新張開眼睛，並且再起身步行。

而今，盡己所能，我將隨工作所眼見的世界以文字冶煉成短箋，渴望能進一步理解那些已經發生、仍持續發生的事件，以嘗試求得對於受苦的來處與去向能有所感知；而更加深切期盼的是，紙本裡的紀錄，能撥動淺細水紋，邀請這本備忘錄所能碰觸到的人，願意一起接手，去深遠而有力地回望自身的寓居之地，將那些看來破碎斷裂的受苦落難，逐一拼湊出意有所指的、變動的意義／現場，並願因此採取或大或小的回應行動。

受苦的現象，正以倒影的形式呈顯於眼前；問題與困厄的可能消解之道，並不總是清晰明亮，它們隱晦地散落各處。我們目睹著，並也在此刻倖存下來，除了在自身與遠方的事件裡，不斷輪迴似地驚異嘆息落難，還能有著責任以及權利，在悲傷與憤怒之際，不只是去尋看動人的情節與故事，而能練習像是偵探那樣探察與觀看——去暫時停留在看來索然無味的細節裡。人可以有所耐心，去檢視事件正如何誠實反映著世界的錯綜紋理。

這份備忘錄即是起自這樣的初步練習。

事件總在這裡與那裡發生著，情節與故事的走向因而無盡和無可預料，它（們）仰賴人們決定將那一樁樁單薄即逝的事件，對應在多長的時間軸裡，以及擺放在歷史舞臺上的哪一個位置。

第一
現場

忽明忽暗的苦難形貌

|

人們所眼見聽聞的，是什麼？

景一——————二〇一八年

高鐵雜誌上一則跨頁建案廣告。綠山藍海為景，覆蓋以斗大文案：「山是我的，海也是我的」。其對應網站影音廣告裡，是西裝筆挺的男性，昭告似的口吻：「我是山海的主人。」

景二——————二〇二〇年

二級行政區一處建案入口處，安置著一座巨型馬克杯的地上水泥體，杯身打印著「〇〇富人區」五大字落款。

景三——————二〇二二年

鎮上街道邊的一棟老屋二樓。書店的名號、關上的門、門內零落陳列的幾本書，只在申請文化部補助計畫與審查時開放現身。如同它所在思古情懷般的「小鎮」名號、文化資產，不過是被援用為吸啜經濟資本的虛造且失魂幻影。

景四——————二〇〇三年

我送那位小女孩一把素淨梳子，問他願不願意為自己梳頭髮。隔著灰濛的鏡片與遮住三分之一臉龐的瀏海，我看不見他的眼神，只意識到女孩頓了一會、搖頭。而後，依舊是微低著頭、細到經常斷了尾音似的聲音，說：「還是不要好了……他們會笑我。之前我夾髮夾，同學就笑我，嗯，他們說，我醜人多作怪……」

景五——————二〇一九年

夜裡十點鐘。剛加班回到家的父親，發現男孩因為考了不好的成績，說了謊。父親疲憊地、用力地管教了小孩，小孩身體受了傷、口腔滲出了血。求父親送他去醫院，父親不願意，說他長大了，要學會成為自我負責的人。十歲小男孩進自己的房間，在搜尋引擎上敲打：「如何可以停止身體不舒服」。

起點現場描述——

我在海洋廣場邊一家咖啡館裡，速記著剛剛才結束的訪談，在我正前方那張小圓桌，坐著男女二人。兩人穿著樸素。那位也許還不到三十五歲的男人，話不多，只偶爾在對方說話時，緩緩低聲補充上簡短一句。

坐在男人斜對面位置、看來較之年長約十幾二十歲的女士，說起話來顯得口氣爽朗、不急切而篤定，像是看遍人間世事般的開導口吻。

「李先生，我就直接講得比較粗魯一點齁。你看起來是很老實，也不菸不酒的，這樣是很好。不過，你也知道現在的社會很現實，你要和人家交往、娶老婆，總要有些東西讓人家女生家裡的人，覺得可以放心把女兒交給你。我講的沒錯吧？你現在房子是租的，好像還只是一間套房對不對？是啦，我知道你現在有工作，對，你會這樣想很好，如果結婚的話，會找大一點的房子。可是，你要再想遠一點。我記得你跟我說薪水是幾萬塊？薪水是勉強還算可以，可是現在經濟不景氣你也知道，工作說沒有就沒有了。我不是說你不努力不認真，是整個大環境的問題。就是這樣，才要實際一點，我們也不要怪說，對方太現實。換作是誰，都一樣。我再講白一點，主要是錢，錢很重要。我是不太好意思問你有沒有存一些錢。這些條件還是要有，至少要能讓女方心裡有個底，會比較好，我也比較好去跟對方說嘛。我跟你講的這些，應該不會沒有道理吧？你應該也同意對吧？」

男人回應的話語愈來愈少也愈加輕聲。聽到這裡，我便將桌椅上的筆記、帽子胡亂塞進背袋裡，快步離開座位走出店家。這一小段過程，我始終有意識地保持著低頭，以免自己的好奇，探看了男人此時的面容，也不願意讓他發現，有個不相干的外人，不小心旁觀了他在生活裡的無措。

我（們）所眼見聽聞的，是什麼？

那位女士口說的大環境，指的是什麼？定論似的「換作是誰都一樣……錢很重要」與那些四散於各處的生活情景——補助計畫虛造漫流的小鎮、高度心力勞動的勞工父母、家屋校園裡的殘忍、高鐵雜誌裡與市街上的建案廣告——所共同指出的，是什麼樣的「大環境」？

有關努力、工作、經濟資本、人的價值、理想生活樣貌之間的關聯，聽來似乎合於現實、理性，卻充滿奇異邏輯的「道理」，如何能讓人語塞？人們所說的「現實」是什麼？現實生活裡的奇異道理，如何牽連著人的冷酷與困頓受苦？在感知或行動上，看來不相干的旁觀者如我（們），正如何集體想像並建構著這個「大環境」／現場？

二〇二〇年四月二十日，正午
所在：連鎖商務餐廳
事：午餐
備注：**勞動縫隙裡的人**

今天工作地點在兩百公里外。怕遲到，早幾個班次抵達目的地。準時，是我在工作裡少數願意沿襲下來的習慣之一。它框架出我與所有工作對象如何往來，亦影響著私生活領域，形成長年以來清晰的日常節奏，為緊湊生活帶來明快效能。或許，也帶來自我剝削。

距離下午工作還有兩小時。我走進一家坐落於車站對面、緊鄰百貨公司的連鎖餐廳。在餐之外，另外點了薑汁蘇打好後延在座時間。

店家供應中西合併的餐點，環境寬敞明亮，桌與桌之間，以不同方向彼此緊鄰，體貼地讓誰也不會不小心對上鄰座的眼神。不過，如果凝神靜聽的話，還是能清晰聽到鄰桌對話。不到中午十二點鐘，客人不多，一對母女在我點完餐沒多久，入座我右桌。

母親：「你要吃什麼？聖代還是葡萄柚汁？聖代好不好？」沒聽到女兒說話，應是點頭答應，只聽母親隨即再問：「還要什麼？還是剛剛的果汁也一起好了。想吃什麼？義大利麵好不好？」母親的聲音聽來俐落，每一個字句都很簡潔地收拾不拖延，是長期磨練出來的語音。在服務員離開後，母親緊接著說：「媽媽今天很忙，等下我們吃快一點好不好？」依稀聽見女兒說了話，但太輕細，無法聽見說了什麼。

這家餐廳不愧主打商務客人，上餐速度很快，幾分鐘後，套餐的熱湯和聖代一起上桌。「等一下，媽媽先拍個照。」用餐時，母親和女兒低聲說著話，聽得出來兩人經常在一起。應該是被珍愛的幸運孩子。

母親邊以叉子捲著麵條入口，邊請服務員先刷卡結帳，再囑咐附餐的拿鐵要打包並另外加點了可頌，對女兒說：「給你帶著，等會你肚子餓可以吃。可是你現在要吃快點，不然我們會來不及。吃飽了嗎？」

不到三十分鐘。母女離座，我忍不住看了一眼他們的背影。被牽著手的，是個頭大約小學一年級的小女孩，拎著裝著麵包的紙袋，快步跟著腳踩細跟鞋的母親走出餐廳。

在他們離開沒多久之後，我也開始收拾桌上筆記、喝淨杯裡的茶水，準備出發到下午的工作處所。那裡安置著二十多位小女孩——由於夾雜各種令人難以直視的原因——將他們帶來此世的父母並不溫柔牽著他們的小手。幸運，沒有平均地落在社會生活的每個角落。

從那一群被安置孩子的身後探看，摩登的城市地景之下，遍布的是騰空離地與手足無措的成年人。二〇一一年，我藉由基隆碼頭工人生活世界，析分出地方社會所散逸的「gâu／能」文化，如何連同國家政策及全球商品供應鏈，齊手蘊生碼頭男性工人的集體苦難，是否也同樣施作於碼頭之外的各地女人男人老人小孩？十多年過後，它們是否足以解釋現今我每日隨工作奔跑於島上不同行政區域，所目睹的一處處受苦景況？

二〇一六年七月二十六日，全日

所在：市政大樓

事：兩場會議

備注：**那人造的形貌模糊之物**

這日去處公車可及，我將家裡那輛老邁小房車留在車庫裡，於家門口搭上小巴士。以這樣微弱減少的碳排，對生態環境聊表不成比例的些微歉意。在交流道附近下車，再轉搭另一班通往市政大樓的市區公車。三十分鐘之後，到達今天工作的地點。

以往中餐經常是在工作轉換的路途上完成。從上午場移動到下午場，一路上的紅燈空檔或火車高鐵車廂裡，有效率地吞掉便當或三明治。而今日上下午各一場會議，都在同一棟大樓，能有段充裕的午餐時間。我可以獨自走路到市政大樓斜對面店家，從容安靜吃飯，不去運用這類零碎時間趕車程、回覆訊息、打開似乎總消停不了的未讀郵件。

市場經濟建構著時間即是金錢的邏輯。有效能的時間管理，意味有些什麼將被逐漸減免刪去。在來不及意識之前，曾經重要的不復記憶，人與生活逐漸剝離開來，最終集體成「物」。由人變物，生命脆薄空心，怕是難免於夭折破裂。

寓居於世，我同樣被工作推壓練就著效率，在某些時刻，我因而特意讓自己不合時宜。不食入過多的市場理性，以維持作為人的清晰意識。

上午是停親會議，[1]討論案件都是各網絡社工一再聯繫、工作，卻依舊找不回長期缺席父母親的家庭。透過停止父母的親權，先終止孩子來自家屋的綁縛與致傷，再轉由能提供安全身心環境的法定代理人或機構照養。

有關「天下無不是的父母」的敘事，是古老文化對親屬關係的理想設定之一；法律所映照出的，才是現實人我互動的真相：大人們並不總是走向以往文化所設定的父母範型，當代經濟政治形構著社會生活的規格和氣味，隨處皆可見陷落於世、不知所以與張皇出格的失落成人；那一個個幼小稚童，成了彷彿無感、被隨意擱置的汙舊娃娃。新聞事件裡的兒虐、毒品、是枝裕和《無人知曉的夏日清晨》，說的不是邊緣的個別故事，而是人類在資本世界裡的大篇幅歷史與如今。

每場在市政府召開的停親會議，由社會局定期延聘兩位不同背景專家出席。今天是這個月以來，我在此行政區所參與的第二次會議。除了我以資深心理諮商從業人員身分受託出席之外，另一位專家是長期協助各網絡社工的陳律師。我們兩人與主持人在會議裡的任務是協同評估，是否同意主責社工對父母親展開停止親權的司法聲請。

分階段與團體式決策並不在分散責任，而是為了盡可能避免缺漏與失當。

會議上，我們逐一檢視親屬系譜、家族生命史。不論家系圖的規模繁簡，內涵盡像是複壓而出的相似面貌——父母長期以來或高度激狂或平板冷漠的情緒，空洞透明卻覆蓋著年幼子女的每一口呼吸與心智的蔓延去向。在一連串的停滯時空裡，孩子等待著父母長大成人。而所有時間與空間上經年累月的空白，都可是風險的落地出芽之處。

會議上這一群人，被賦予短暫時刻的權力／任務。透過決策的擬訂，嘗試為年幼孩子推出不同於以往的生命世界。我與陳律師坐在會議前桌，謹慎、戒備，經驗著並不讓人感到絲毫愉悅或驕傲的權力。權力，若帶來傲慢狂妄，也許是源於人忘記了權力的初始價值，並不映照著操持它的人是誰，而在於用以盡可能消滅無妄不幸。

下午是家庭暴力高危機個案網絡會議。這是第三年在這個行政區，受託以外聘督導身分參與幫忙，往年我每個月只需參加一場，但案件總數以來不及細究原因的速度往上增疊，從今年開始，我被交付每月負責三場；另有兩場，分別由一位精神科醫師和社工領域專家協助。每一場討論數量平均約二十至三十案，悉數是落入高危機指標的家庭。

現實世界毫無遮掩的，現身在報告的每一字句裡。網絡由社政、警政、衛政、司法、教育系統組成，各個系統主責人員逐案報告家庭成員景況；外聘督導的任務，則是分別對不同系統即時給予處遇方向建議，以串起不同專業場域夥伴快速形成團隊網絡，早日消緩在那一處處家門裡的轟隆巨響。

面對工作群如同八倍速快轉影片的報告，我被期待以每七、八分鐘完成一案的節奏，逐案對不同家庭、工作者給予決策建議。會議的每一分鐘，都是需要高度專注並迅速反應的戰役——法律上與實際上的被害人／加害者分別是誰？苦難的形態是什麼？痛苦如何能不斷經年累月地重複、延續發生？工作者們是誰？他（們）在說什麼？遇到的困難是什麼？困難與什麼相關？最理想與最低限度的介入各會是什麼？各式介入所可能面臨的代價？

每回高危會議結束後，我總像被象群踩過一般，走出大樓時，看著過眼如流人事恍若隔世。

絕大多數的苦難，由人造的地土裡生芽。表面上看來，我與團隊夥伴所應對的是由不同家庭與個人所各自浮現的暴力事件，但實際上，眾人所直面的，是那存在於人與事件背後、沒有形體卻不斷吐出災厄的人造有機體。社會或律法所定義的被害人與相對人／加害人，都需要置放在此場景裡，才能動態地被趨近瞭解。定格式、截然二分的受害者與加害人，無法幫助人們看見苦難如何隨時空而形變。

律法反應社會關係的轉變，當「高危機」與「停止親權」此類會議需求量日益增加，指出的不再是個別生命的失常，是整體社會結構已然走向失調扭曲。人們無法迴避去探看由當代政經社會文化所構築的生活世界，其在集體受苦經驗裡所占有的核心位置。

處處是預言般的訊息。需要凝神探照的，不能僅止於片段個人。痛苦事件藏身於何處、根系如何生衍，是接連成面、無法跳過略去的廣大地土，與深潭。

注釋

1 停親會議，指停止父母對於子女權利的會議。依《民法》第一〇九〇條，「父母之一方濫用其對於子女之權利時，法院得依他方、未成年子女、主管機關、社會福利機構或其他利害關係人之請求或依職權，為子女之利益，宣告停止其權利之全部或一部。」停止親權會議，即為各縣市社會局依職權向法院提出聲請之前，由社會局處所召開的會議。其後，因兒少問題日趨複雜，衛福部將安置、出養、對受虐兒少之父母提出獨立告訴、處遇困難之個案問題研討會等有關兒少的重大議題，整合併同於一會議，於二〇二〇年統稱為「兒少重大決策會議」。

二〇一七年三月八日，晚
所在：家
事：包裹
備注：**惡意的來蹤**

私底下，我的智性緩慢而模糊。但由於工作時刻總是必須極度專注，因而不得不鍛練出勞動時刻的銳利。銳利不同於尖銳，它並不刺目或讓人害怕，而是由心智所特意奮力鑄造的一種清醒狀態，用以辨認出眼前苦難及其軌跡流速變化；同時，在必須蹲守目睹他人生命流域的岸邊，亦能懂得並允許源自自身的困惑、害怕與憂慮。銳利，讓我得以在溼泥岸邊時，不致將暫時受困於河道裡的工作對象誤判為他者（the other）。

生命與生命之間，以各種形式息息相關，表象上的工作關係，不在區分出人我尊卑主從，而是眾多連結的渠道之一。那些所有來自工作者的困頓與憂慮，能讓人在握有些許技藝或權力時，不因無感而誤以為自身明淨且強大如神。

我想起兩週前，由於一場傷亡事件，開啟與一對年輕父母的談話。

那對父母與兩名子女所構成的家庭圖像，不論組成、關係或身心，皆絲毫不特殊奇異。如同島上絕大多數藍白領勞動者——不貪婪，相信踏實地埋首勤奮工作，即能安保家人物質與精神上的安穩不匱乏。

然而，人無法臆度生命與這個眾人群造的世界。

一日如常午後，父母親正各自被釘放在勞動市場裡緊湊工作著，致命的意外發生於兩個大小孩在屋裡寫作業的靜謐時刻。不過是大多數家戶內的手足日常爭吵，未成年的兒子在頃刻間取奪了年幼女兒的生命。一場看似如何也無從預知、無法理解的災厄。父母親被拽進永恆地獄。

不工作的時候，父親不斷抄心經。每一天的如常勞動與每一頁手寫心經，都是為了抑制分秒日夜未能稍停重現的撕心之痛。我眼見了世間煉獄，而能由自己口中說出的語言，卻薄弱而貧瘠，幾次會談之後，我問需不需要再幫忙問問，除了心經，是不是另有他途亦能為早夭的生命做上更多。

當時想及一所佛教所屬兒少安置機構，主持人是剃度後再念了社工學位的比丘尼。長年來，我以外聘督導身分奔跑於各地安置機構，清楚會見幾處機構的暗自軟弱與陷落，而與這群工作夥伴的五年多往來，知道在那離市之地，有群孩子於家外之所，被在乎與珍惜地對待著。我信任他們，如同他們信任我一樣，即使我一直不是信徒。

幾天前，我正跟著剛出版的《靜寂工人》分享會，走到那離城的偏遠之鄉，機構師父和幾位工作老夥伴帶著即將成年的院生特地前來。分享會後，我提及這位父親，問什麼經書能夠幫忙這位被獄火煉著的人。師父說他會寄經書給我。

之後接連幾天，我仍持續在不同旅舍與工作地點之間跑著。直到一週後回到家，那件快遞包裹早已放在家裡書桌上。打開包裹那刻，湧上的是難以描繪的複雜情緒。包裹裡有《金剛般若波羅蜜經》、抄經本、《地藏菩薩本願經》、一串綠檀做成的佛珠、一臺播經機、一幅從佛陀證悟之地帶回來的釋迦牟尼佛像，以及一封密密麻麻的手寫信。信裡頭一件一件地，仔細說著為什麼要寄上這些經書佛像，也寫著可如何分別使用，以及對我的關心和送我的一本書。

弱弱相助，帶來撫慰，亦令人動容。只是，故事能否溫馨而輕易地在此作結？若溫情主義是如此輕易流逸於市井之間卻總轉而落入廉價結局，或許，是因為更多的思索未能即時接手。關於受苦，人們遭逢，而後束手承受。然而，假使苦難來自於人造世界，那麼，在痛苦來臨之前，是否果真毫無訊號？若有，它（們）如何被錯過？如何被眾人齊同漠視？

而原本無邪天真的人們，是從何生起對其他生命的惡念？惡意，是否等同惡行？若不，將那兩者區劃開來的界線，會是什麼？在什麼樣的時刻，人跨過了那條線？

二〇一七年二月十六日，上午
所在：兒少安置機構
事：外部團體督導[1]
備注：在此世代裡的「家」，是什麼？

車行國道、經兩個交流道後接銜上快速道路，再轉入兩旁錯落村庄田林的長長山麓鄉道。一個多小時後，我到達上午工作地點。

這棟建築物被稱之為家園，由非營利組織受公部門委託設置的長期安置處所，住著短期內回不了家的未成年女孩。從四年前開始，我定期每個月到這裡一趟，為社工和生活輔導員進行三小時的團體督導，對於夥伴在工作現場所遇到的困難，盡可能給予具體且立即可行的建議。

從島上這群住在安置處所的孩子眼中望去，「家」的概念與意義，充滿未明與變數。不明確的成員與歸屬、變動的倫常與住所。家屋，並不意味是提供保護照養與情感往來的處所；相反的，被鑲嵌進勞動市場國度的雙親、高度物質化伴隨著薄弱化的親子情感，在現代國家治理的理性外圍，家屋已悄然透出了溼氣與陣陣霉味。政策律法，不過緊急而短暫地讓孩子離開混沌窒悶的家，入住家園式機構以得安頓，等待家的復原。

安頓，不單只是物質的償補，更牽繫著心理的安全。無條件情感關照的長年匱乏，生養著幼兒對世界的扭曲假設，及其相對應與年齡不符的不安、畏懼、哀傷與盛怒。

無條件的情感關照，說的是無關性別長相年齡、性格氣質、手足排行、世俗成就表現……，人被視為主體，穩定地被在乎與看重，安頓由此而生。而當周遭成人，惡意或者無意地，一次次透過語言或身體，將自己未完成的傷苦，按壓進孩子的朦朧世界——在還未及形成假設之前，稚子構造著「貶抑自身／他人／世界」的結論。

長期的匱乏，偕同已成定律的扭曲定論，幾乎預告了悲憤將日煉成刀鋒利刺，再現於未來的所有此刻他方。孩子的身體與靈魂，拖曳著在家屋裡縫釘上的厚長尾巴，每個步伐都將遲重，安置家園工作者所身負的心理照護任務，因而必然隱含試煉。

上個月有天夜裡，十點半的預備就寢時間，有個孩子仍開著筆記型電腦坐在書桌前。社工提醒收拾，少女沒有反應，只安靜看著社工走出房門。

十一點，女孩們熄大燈上床。巡房的生輔員開門即見那個孩子站在門邊：腳邊地板上放著一盞特地從書桌上移來的燈，燈光直照著地板上的血漬和血字，一旁是一小盒裝著暗黑液體的十公分寬高器皿，血正從女孩的左手滴落地板及器皿裡。去年才大學畢業的生輔員，帶孩子進起居室、等救護車，準備為他包紮止血時，女孩把手藏在身後，說：我要我的筆電。在救護車上，問發生什麼事，他安靜回答：只有這樣，社工姐姐才會看見我。

年輕的社工在團督上邊哭邊問：我是不是做錯了什麼？

通常是源於身體上的長期嚴重受暴，以及來自家庭內與性相關的事件，這群七到十七歲的孩子被護轉進此家園安置。當中關於性的剝削，由於島上仍總流傳著滿溢道德的敘事——像是揭露者必須為原本「完整」家庭的「破碎」負起責任、對「貞潔」逝去的感嘆悲憐。人將羞愧罪咎與缺憾構築於遭受方。即使人們受著高等教育生活於文明，古早性別刻板敘事依舊在私隱言說與目光之中漫流，將性的剝削，誤定為倫常違背與生命價值的缺損，而非人權的被剝奪。

有問題的文化價值觀點有多強勢，便有多少扭曲的心靈；而扭曲是雙面利刃，打造著或深或淺的苦傷——施於自己，同時也施於他人。

當扭曲參與了痛苦的建構，關於受苦的內涵、來處與去向，便出現了全然變化。記憶裡的細節也許會趨模糊，當中的情感情緒，卻累積成熟悉而鮮明的氣味，構築了不見其貌的山谷海溝，催造著日後意識與非意識的行動。

此時，痛苦將不再是被動、來自外部、非預期、偶發；相反的，它跳過意識，將與人的多數往來交會，自動疊造朝向某種固定的不幸結局。人靜待、預言著痛苦的發生；在意識之外，受苦成了預定、已成模式的。歷史一再重現於此刻。

那從一開始，來自幼時的意料之外痛苦，與之後可預期的重複受害，兩者看似相同實則為相異二物。它們需要被區分出來，受害者方有可能藉由清晰意識的喚醒，離開像是輪迴、百年腳本般的受苦犧牲，復原的工作才可能真正開展、重新取回能思能動的主體，不需再以淚血去掙／乞他人的情感關照。

十多年前因工作遇上一個家庭。緣於既有社會文化對豐足經濟生活的強勢假定，經常成傷的婦女與揮拳的伴侶，皆受縛於富麗家屋卻病理的關係裡；不甘心、對他人同時也對於自己的永生處罰，壓擠出門內的逐一失常，才進學齡的孩子亦被婦女管教致傷，孩子與她同時進入了社會局的保護系統。

小女孩有著容易被疼惜喜歡的甜美微笑及聰慧大眼，家庭提供的豐厚物質條件，更修飾其如細緻瓷娃娃。一日，在預備與這位母親進行第二次會談前，我接到社工通知，可愛的孩子進了醫院，慶幸只是擦傷。跟社工說是媽媽把她從樓梯口推了下來。

一踏進會談室，母親語氣激動，說那天傍晚她要孩子先寫功課再玩，女孩兒說：你給我五百塊，我就先寫功課。母親不肯，小女孩安靜離開書桌走到二樓樓梯口，回頭對著自己的母親說：「你不答應？我現在就從這裡滾下去，然後告訴社工，說是你推我下去的。」

從局外看來，理當鮮明的受害與加害二分，實際上卻總是界線模糊的兩端，彼此在不同場次之間悄然進行著角色位移。大多時候的自傷、傷人、陷落，往往不是一次到位，而是一層一層，推、再推，終成密室裡的悲劇。而密室之成羅生門，是否正源於人們的刻板偏執，以致漏問了問題？

孩子並不因年幼而天真得無法去看去聽去感受。門外世界隨處可見誇富展示的資本氛圍，與門內親愛家人之間的憎恨互傷，都捏塑著子女如何觀看生命與世界。情感內容與途徑簡化為物質型態，當代親屬關係是由什麼紐帶所連繫著？當人們對於情感往來感到陌生，家，意指著什麼？

少女對社工姐姐的示傷索愛、可愛的孩子轉身站上樓梯口、母親成為被孩子威脅的大人，都是有跡可循。我們所目睹與身處的世界，扭曲而複雜，不應天真假設——醜陋是可怕而駭人、美麗是無害而可愛、堆疊的物質與經濟資本能起造靜好。

中午十二點，準時結束上半場在家園的工作。我準備再次循著那長長山麓回轉異地，下午是另一個縣市社會局的團督，今年是我們一起工作的第十年，夥伴們想上課，我便擬了一整年度的課程。相較於上午的安置機構團督，下午的理論課程，雖然因過程的相對單向講授和可預期內容而顯得平板重複，但對我來說，卻是能夠暫時走避已然瘋狂走味的世界，暫時遁入清淨的美樂地。

注釋

1 外部團體督導，指由外聘專家學者，定期為機構內工作人員進行的長期在職訓練。原則上以團體形式進行，通常簡稱外督或團督。團督與課程不同，相較於後者的固定內容，團督內容隨參與成員與所遇困難而逐次調整。

二〇二〇年五月二十七日，全日

所在：市政大樓

事：三場會議

備注：一陣陣暗地裡的匱乏與渴望

昨天夜裡從模糊的夢裡醒來幾次，也許是因為記掛今天下午其中一場會議。心神與身體、現實與夢境，既是虛實主從亦是交互映照。

時近傍晚，工作已結束。在高速公路上的車廂裡，我聞到從衣襟傳來的香水味。

今天的工作是一場親子會談，以及接連三場不同單位的會議。即使工作總是緊湊，這樣密集安排三場會議並不尋常。除了原本排定的個案研討會與安置機構的新成員入住評估會議，由於不忍社工與家長被困在一個死結，在已算不上寬裕的行程裡，再臨急擠進第三場會議。身上的香水味，即是第三場會議後段，因為抱了那位孩子被強制安置的母親所留下的。

這場邀請家長一起參與的決策會議，通常召開於兒少被緊急強制安置後，請家長共同參與孩子安置後的相關協商。像是今天召開的目的，即在討論如何讓孩子順利早日返家。

家的失常陷落，並不總是來自大人的惡意，「無所知」所得致的漠視與失能，通常更能實際指出困境的內涵。愛的意念與美好養育關係，兩者並不自然天生地相伴而來，而是高度仰賴大人能始終牽掛著——自己的私念，將可能如何消抹著對另一個體的認識理解與對幼小生命人權的在意。那通常是頻繁夾雜著用力與失力的反覆修練過程。一不小心即落入困局。

因而安置的目的，不僅止於將未成年孩子帶離危險情境，更核心且長期的工作，是為催成那家屋裡的成人，及早脫離物理上或心理上的極度困頓，恢復能提供保護與情感往來的家。

會議的進行並不順利。也許是因為連日沒睡好、也或許是來自幼時的諸多委曲都在此刻還魂再現，母親的情緒始終遲重——怒吼、掉淚、誓言帶著社工的名入死。然而，語言具有社會性，所有的字句，都必須被放在地方上的生活世界裡，方得以理解其意。

親子關係，對多數臺灣父母而言，教養與監護的權利／責任並不由法律後天給定，而是因血緣而天生的情感紐帶與威權階序。當兒少人權普世價值沿著法律進島，在此地方社會所對應的挑戰，是尊親父母在傳統文化觀點所賦予的「我的」孩子。

於這位子女被安置的年輕母親而言，那巨大震驚與憤怒，是起自文化上的親緣與律法的直面碰撞；同時，夾雜著他因早年父與母的長時間虧欠、遺棄，所烙下的渴望、自輕、失落與憤怒所共同起造的情緒烈焰。人們總將那嘶吼簡稱為「情緒失控」，表面上似是理性客觀論定，實則為長久以來對情緒的病理誤讀，以及局外人對局內細節的一無所知。

相較於早年島上因醫療與各類物質條件匱乏所對應的生命早逝，在此時代，科技醫療維護了身體的發展與健康，而心性上的長大成人，卻是另一條亟需仰賴機遇才得以完成的長路。特別像他那樣因父母、親族相繼缺位而必須提早獨自長大的孩子，恰巧既不是傳統文化上所喜悅的「順從乖巧」或教育體系所狹義刻板界定的「優秀」，需要更大量且足夠的意料之外的善意與運氣，才可能柔順長大。

然而，不意外的，像是早早即寫定的腳本，彷如格式化的世界已排立好骨牌長陣。脫離學生身分之後，他的幸運依舊不足與從缺，旋即被市場主導的政經治理劃撥到邊緣，因低勞動力產值而被界定在低微價廉那遠遠的一端。一如既往，被強勢主流認定為不重要、被輕忽。

害怕與不安，經常以憤怒的語言呈現。帶刃的言語、不惜與世界為敵的悲憤，是長期以來站在邊陲位置裡，所能獲取的力量與武器。一丁點的風吹草動，即鐵甲盔胄備身。那樣的生存狀態，這樣一場以合作模式為軸的會議，於他仍然是另一個必須全力防禦的戰場。

會議室裡，圍坐在他周遭的陌生外人如我，如何能越過那填塞著個人與社會政經交纏形變的龐然大物，到抵那位母親的所在？我們所依賴的語言，如何能不作為彼此攻堅的武器，而得以與他人有所連繫？

坐在那位母親眼前，我不知如何才能讓此片刻的良善不惡世界，在他眼前現身，也不知道如何才能讓他觸及此時此地這群人——沒有價值論定、沒有自私惡念、亦無競爭對峙，他可以暫時放下始終緊抱武器的身體。言語的試探，一再一再地道成戰場。我目睹著那看似不計後果，實則無比脆弱的人，如何迅速圍架起密實苦境；於此同時意會到，自己再無法組織、生成更多的言語。只依稀看見與嗅見，那躲在武器後面的，是需要弛卸的意志與身體。

言語空白了如世紀之長的好幾秒鐘後，即使他還厲聲喊著，眼裡仍汩出著淚。我決定相信他的眼淚和身上香水所傳遞出的可能訊息，於是開口問：「我可不可以抱你？」而後，即使他的身體依舊僵硬，但這位已身為母親的成年人的眼淚，開始有了聲音——那是自孩童時期，便需要在已轉身出逃的父母親面前、被允許放聲大哭的害怕與不安。

於我，語言粗糙而有限，對於受苦的回應表意，經常超出言語所能；於他，我慶幸著他的身體依舊真摯地藏著自身——那裡淌著受苦的時間、深度，以及被現代化政治經濟治理所覆蓋的一陣陣、暗地裡的匱乏與渴望。

二〇二二年六月二十一日，上午

所在：自強號列車

事：前往工作的路途上

備注：**落了地的笑聲**

我在自強號列車上，正前赴一百公里外的下午工作。車廂大約坐滿六、七成。我的座位前方是兩位穿著棉T短褲的男女青年，腿上各放著一只漢堡店紙袋，車廂內的飲食已於幾週前恢復開放，他們共用左右一只耳機，看著手機裡的影片，偶爾可聽見兩人對影片的一兩字反應和翻動紙袋的聲音。隔著走道的右前方位上，是兩位背影側面看來約五十餘歲夫妻，隱約透過他們低聲所說的話與肢體動作，知道兩人不時交換著各自手上的蛋糕片與自用杯。在走道另一側與我相鄰的，是一位載著耳塞式耳機的女孩，也許剛結束前兩週的高中畢業典禮？他有著已脫離年少稚氣又仍略帶青澀的臉龐。女孩將肩背包放在隔壁靠窗空位上，手指正往上撥滑著手機螢幕，即使隔著走道，我依稀能聽見由他耳機裡傳來的陣陣節奏聲響。同時，我也注意到，女孩偶爾會透過前方座位間的間縫，看著那對言談舉止親近的夫妻。

前方那位女士的手機響了，聽見他輕快地說：「你知道我和爸爸現在在哪裡嗎？我們在火車上。」再說了若還總是加班要記得不要熬夜，只是幾句話，卻能輕易聽得出來是很親暱的口氣，而後男士接手電話，問晚餐是否準時吃。再談一小會兒對方工作上的事。皆是溫厚又輕鬆口吻。

透過視覺所及的熱鬧與聽覺上的各式聲響——除了我自己接了一通工作上的電話，翻過行事曆，電郵回覆兩封信之外——這二號車廂的前半小小區塊，充滿閒適歡樂氣氛。

而在那對中年夫妻與孩子的通話結束、再恢復彼此交談後，沒多久，我不知道自己是否漏掉了什麼片段，鄰座那位女孩似乎突然正與誰通著電話，只見女孩身體前傾，額頭抵著前方椅背，像是聽到電話那端熱切地說了什麼令人忍不住大笑的趣事，因太開懷以致抖起了肩膀笑著。一陣一陣的燦笑，前方那對夫妻回望了一下。

在那一、兩分鐘裡，女孩一直都沒開口對著手機裡的誰說話。我只一再看見他前額靠在前方椅背上奮力笑著。但我不明白，從他耳機裡傳來的，依舊只有之前的節奏聲響。

我禁不住聯想，在滿載各式繽紛的河道上，水面映入一只獨自身影時，人的心念，可能是什麼樣的千轉百迴。那女孩一再憑空湧出、再接而落了地的奇異笑聲，講的是什麼樣的生命處境。

二〇一七年七月四日，晚

所在：社福大樓

事：談話

備注：**是什麼堆砌出了人的羞憤？**

最後兩句，是指著我說：「她如果今天不能跟我回家，你們就等著收屍。你們等著看明天的社會新聞，我要讓她後悔一輩子！」那位三十初頭歲的男人，已從會談室裡的沙發上站起來準備離開，我們距離不到一點五公尺，我能清楚看見他細瘦脖子上浮著的青筋。

幾年前，前一任太太終於決意離家避開他的拳腳時，他曾在簡訊裡警告她，不回家，就等著收他的屍。今晚對於結婚不到一年的現任妻子被緊急安置，他對我和社工怒吼同樣一句話。

一如以往，我嚴肅認真看待他說的這段話，並快速想著如何在他已起身離座時再說出幾句話，希望他對自己的詛咒不致成真。但，拉住他的方法，不是用「即刻結束安置讓她返家」來換。一命換一命，是電視劇上用來暗示發話者情緒激昂的臺詞，但在現實世界裡的真相必須是：沒有誰的命應該換誰的命。她和他一樣重要。

懷孕時，他依舊落拳在她身上。安置後，她跟社工說身體的下部總是會疼，就醫後才知是會陰發炎潰爛——月子還沒坐滿，他要求行房。她拒絕，因為那像針扎般的痛。他拿著五彩糖果般包裝的安非他命，她說他口氣總是像真心疼愛她那樣，笑著輕聲哄說，吃了就不會疼不用怕。日復一日。

今晚你會死嗎？

假如，你喜歡上一個人，而對方剛好也喜歡你，兩人即需要開始練習，一起跳支彼此都感到安心的雙人舞。舞步出錯或停頓，不要緊。不要對自己或對方失望和發怒。畢竟，生命是一場場的體驗和修習，需要足夠溫柔的耐心。最不需要的是威嚇。特別是恐懼，不會也不應該是親密關係裡的日常感受。而她安置前所勾選出來的危機分數，到達滿分。她暫時還不能回家。需要等你，能夠像珍惜人那般地珍惜她。

今晚你會死嗎？

因為二十年來遲重的貼地工作，我或許知道你為何會如此憤怒。你心想她是你帶回家的，是你的，就像你買來私屬的財產物品一樣，只能順服無聲。如同小時候，爸爸媽媽認為你是他們的一樣，大人彷彿從未知悉，父母只是重要的過道橋梁，並不擁有孩子的靈魂與身體。如同巨富商賈，以為金錢能買下所有，勞工的身體氣力、天空山海、天下都（將）是於他所屬一樣，誤將無良無感轉譯為才能霸氣，因而在往外貪婪抓取之時，沒有愧色或遲疑。

我因此一點也沒把握，在這樣荒謬的世界，你是不是運氣夠好，在家裡或校園或工作或市街上，曾被誰好好看重與在乎？是不是對於如何好好對待他人，同樣也感到陌生？是否在某個瞬間，曾經遇上人與人之間——無關資本累積計算——的真心善待？

由悲傷或絕望所匯成的歷史，可以讓人練就成為良善而堅韌的人，也可能使人陷落為殘忍，對於受苦無動於衷——對自己與他人都是。而你是不是曾感到奇異不解——為何你與絕大多數在這座島上的人一樣，總是在某些相似的情境或遭遇裡，感到相似的悲傷或絕望？這是普世常情與理所當然嗎？

情緒並不獨立存在，它總對應著「什麼」，如同能指（signifier）與所指（signified）緊密關聯。然而，能指與所指，即使關係相依，但其內容組合卻是浮動。相同的外在事件與遭遇，於不同政治體、文化社會與生命經驗，卻可能連結著截然不同的情緒結果。而今晚，你是否明白自己正經驗的痛苦或憤恨的來龍去脈？這裡所說的，不是你如今的痛苦是「人之常情」、「理所當然」來自太太的離家，而是，更往前去問：人究竟憑藉著「什麼」，去解讀與認定某事件的必然該悲或該喜？

如同之前無數的夜晚，這一天，讓你飽受折磨的，是表面上妻子的不聽話、拒絕、逃出家門？還是你，作為男性，尊嚴被撼動、對孤單的害怕、對一無所有的不安與驚慌？你所意圖掌握的，是妻子或是自己還是鄰人親族的目光？你想挑戰的，是她的不順從，或者文化社會對「理想男人／像個男人」的設定？當你不知道怎麼辨的時候，敢不敢開口對人說？

將情緒與其隱含相關聯著的「什麼」，兩者同時並置探看，才能對情緒感受，形成足夠深刻而有意義的理解，人因而有可能越過這些「理所當然」，不再受苦於中。然而，這不是一條容易走的路。

在這座島嶼上，人們大多熱情勤奮而良善。但在講求效率與經濟理性成本的資本社會裡，對於生命與意義的未知、生成，人們並不擅於長時間的、浸泡於模糊之中的等待，亦不被鼓勵從「進步」的軌道止步或岔出身去探究提問。情緒是如此熟悉明確立即，意義卻總是朦朧隱晦未明，以致前者往往輕易被幻化為主體，脫離了脈絡，成為沒有起點、不見軌跡、不證自明的超然存在。

當人們困滯於情緒迷陣，索要著即刻揮去、跳離那片惡境，以致未曾停步追問——是什麼讓妻子的順從與否，接連著男性的尊嚴？孤單如何成為讓人感到害怕的存在狀態？一無所有意味著什麼、人需要或必須擁有的是什麼？被挑戰的尊嚴、孤單、一無所有，是否必然連接著不安或憤怒？它們來自天生自然，抑或源自社會文化情境所疊架的諸多暗示與明示？人們熟悉的情緒，果真為人之常情，抑或是被政治經濟文化社會所扭曲得致的虛擬幻覺？

對於這些與你生命緊密相關，卻讓你感到陌生的一連串疑問，你會不會感到好奇渴望？你願不願意越過熟悉的歡欣或苦楚，直視身處之境的長相，細究哀傷憤怒與不安，如何在裡頭成形？

你今天會死嗎？

我不知道，但我真心希望你不要死。一來，何其幸運，時間總將帶來變化——你已長大成人，有能力開始練習質問與細究那自幼便極為熟悉的悲傷、憤怒與匱乏不安，而不只是不斷受困於它以及周遭大人所給出的扁窄世界；二來，關於死亡，現在時機還太早，生命還另有可能——至少在這一回合所未預期的遭逢裡，我和你的社工和你自己，或許能夠有個機會，一起嘗試把之前家庭、學校、整個社會一路上所遺漏給予你的在乎與看重，一塊塊補回來，將被扭曲為理當的、唯一的，還原為複雜浮動的真實。

最終，你的靈魂或許將因而願意住回身體，不再受困、受苦於世界所粗糙暗示有關欲望／理想的海市蜃樓、不再殘忍地棄置你自己；而後，你為自己、身邊人與他人所起造的，才有可能是家與歸屬，而不是揮之不去的煉獄和痛苦。

二〇一七年三月十日，上午
所在：市政大樓
事：返家評估會議
備注：人從生命剝離開來

會議上，社工的第三份報告，是一位未滿十二歲的孩子生下了孩子。那位被女孩家人指名的網友，循法主張自己不是嬰兒的父親；之後，DNA指出小女孩的父親是新生兒的生父。家屋裡的剝削，自小學低年級開始。年幼小女孩覺得孩子是她所有的愛。決意留養不出養。

小女孩家裡有母親、有兄姊，沒有張皇驚恐心碎或其他反應，齊心異口同聲對社工說，他們會愛這個孩子，日後能開口說話後，要叫祖父為爸爸，叫祖母為媽媽，或叫媽媽為姊姊，都不會是問題。聽來是難得可遇、未見情緒用語的溫暖和樂家庭。因而會議桌前，小女孩的主責社工、[1]家庭處遇社工、寄養社工，評估孩子看來亦未見困擾、沒有典型創傷反應，表達希望能結束緊急安置讓她回返原家。

這是第一次在這個行政區受邀參加返家評估會議，眼前坐著我並不熟悉的網絡夥伴，以致當看著大家逐一面展微笑輕鬆口吻報告結束、主席正等待我的建議時，我發現自己有幾秒鐘的停格出神。想著那同心一致的笑，是慶幸未見小女孩情緒與行為上的異樣，還是對於目睹眼前世界的奇異與長期不幸而生的悲笑？

病態與長期剝削的家庭關係，於巨大的混亂、無助與痛苦裡，人的知覺和情感、情緒，很容易被揉捏成扭曲的模樣以存活下來。問題被否認或抑制，求救的本能與意念被遮蓋在一日復一日積累的厚實塵灰之下。復原之路，因而考驗著工作者能否穿越過那灰燼迷漫的空氣，觸及彼端的那人，而不致將表面幻象誤判為真。

然而，人施作於工作；每日工作所相遇的對象事物，亦施作於人。這端的工作者，因長期封埋於重複的無力感之中，原本的敏銳與情感，似乎已然走向冷感與漠然。意義感漸失，人不再堅持在艱困工作裡嚴肅思考。如禮行儀，輕忽耳邊無聲之哭，以冷面回應眼前一處處苦難。這是雙傷的後果——對工作對象與自身皆然。是典型卻看不見的工殤，專業人員自裁而成樣板螺絲釘，在工作裡不成人。

那起自工作現場的異化，是否僅將止於勞動時刻裡的他者？

幾年前，因工作在離島停留一週。最後一日離開之前，去了趟國營企業，留下深刻記憶——那入口所見，是看來約三十初頭歲穿著筆挺制服的男性，他的雙眼跳過櫃檯與玻璃帷幕，直望向大門外的遠處——那眼神直愣、空白，不藏有悲傷、慍色或白日夢，彷彿千百年來，被獨自留滯在那張孤椅上，卻也不在場。

我們距離不到半公尺。除了一開始我開口述及來意，之後，即不再有任何語言、沒有多餘動作，目光、軀體都未見絲毫晃動，他毫米不差地只移動肩膀以下的左右手臂，即完成我請託辦理的事。我幾乎能指認出那熟悉的失魂眼神並不來自驟然重大事件，而是日復一日由生命／生活中剝離出來的虛無。人與靈魂失去連繫，對生命感到陌生。

不知道他是否還記得，當自己長途跋涉奮力競逐，終於掙得這個被親友鄰人豔羨鐵一般穩定的工作時，那初始而新鮮的雀躍之情？他是否與我曾在會談室裡一一相逢過的年輕生命，掉進同樣的無名水澤裡——被集體餵養以焦慮，想像著牢靠的經濟資本，得以直抵生命最輝煌時刻，卻在過程與終點站裡，始料未及地，感到心神空洞與無所著地？

人們先是與自己的生命靈魂剝離開來，繼而吞噬掉眼淚，對於自身的落難與他人的災厄，漸而習以為常，不再動容。那病著的，是什麼？那些在生活裡感到的離地無根或者痛苦，是來自從天而降的個人不幸與調適有礙，抑或實則藏匿於整體社會生活裡的黑洞？

異常與苦難，以什麼樣的形態顯現於世？人們所看見的思緒與行為失序，是生命的個別異常或是人們集體受苦的殘留碎片？

注釋

1 主責社工，指社會局所管轄「家庭暴力暨性侵害防治中心」（簡稱家防中心）的公部門社工，為評估與訂定個案處遇計畫的主責人員。處遇計畫的內容，通常依不同對象、問題狀況，援引其他受公部門委託的非營利組織，進而形成團隊分工。當案主因安全議題需要安置時，主責社工可委託非營利組織社工進行「家庭處遇」，進入原家庭進行協助工作，目的在盡早協助其他家庭成員，以利家庭功能恢復、促成案主日後的返家；而若案主為未成年兒少，短期不宜返家，除了評估委由適當親屬代為照養之外，其家外安置處所主要有兩種類型：一是寄養家庭，另一則是專責安置的機構（通稱「家園」）。兩者都各有所屬專責社工。

二〇二〇年十一月七日，上午

所在：市場上的美甲店

事：有關成功的傳說

備注：**我們同樣面貌模糊**

若排了東北部的工作，行程又恰巧有些餘裕，便會轉進基隆，稍加重溫海城的氣息。此次，短暫停留於距離港口不到幾分鐘腳程的老市場。二樓有家小店，是我偶爾以修指甲之名，找老闆閒聊的地方。

和市場上大多攤位店鋪一樣簡易，這處修甲店不到一坪，排著三張椅、電視、小水槽。我與另兩位婦人各據一張椅。趁等候空檔與老闆閒聊，我們兩人話題隨意轉，其他客人皆無搭話。畢竟是曾經的田野地，每回話題最終總會聊及碼頭今昔。這回，我同樣還是開口問了鐵路街的茶店仔，一旁穿戴華麗、年約七十餘歲的女性長輩突然緩聲插話，他看著老闆正在修整自己雖見歲月但仍白蔥似的手，說：哎，不要問那個，那個和我們沒有關係，他們和我們不一樣。

那語氣如此自然流暢，毋須其他補充引述或說明，彷彿店裡所有並不彼此相識的人，都知道隱含在「他們和我們不一樣」底下的不明之言。

是什麼支撐出此像是被集體肯認的「分類」？

約七、八年前，曾應邀到一所中途學校與少女們談親密關係。也許是因為孩子們十分自在於那場講座，問答時間裡，是此起彼落的舉手發問。特別在後段，發問內容愈發自由，溢出原本的性別主題，我感到被鼓舞。沒有什麼問題是無關的問題，當孩子願意開口發問時，大人必須珍惜如寶。

一位像陽光般明亮的女孩起頭岔開主題問：「老師！你背什麼包包？」接連唸了一串國際品牌的名，補充追問「是哪一家的？」我提起放在一旁椅上滿布歲月色澤的無牌布提袋說：「就這一個。為什麼問呢？」

我記得他爽朗可愛的聲音，像是發現新大陸一樣高聲說：「那你混得不好啊！」我也清楚記得自己輕聲回答：「混得不好？一定要用『混』這個字嗎？好吧，如果硬要用目前的社會標準來說，老實說，我混得還滿好的。」想抓住機會讓這個問題再延伸一些，我接著對少女們回問：「但，我想請大家想一下，為什麼要用某種類型的包包，來表示自己混得還不賴？你們覺得這個假設有道理、不怪異嗎？有沒有陷阱？另外，再往前問，另一個問題是，我混得好，為什麼，要讓別人知道？」

大人們齊心日夜冶煉著「成功」的技術，認真且嚴肅地傳頌如何競爭、如何爭勝。處處可聽聞隱去代價的榮耀傳說。街巷鄰里、課堂媒體、鄉野都會，宣揚著激勵與鼓舞的「正向」故事，散逸著有關金字塔頂端與向上流動的能人敘事；指定人們應該在乎什麼、以什麼為榮／恥；要納進什麼，以及，該棄守與排除什麼。

孩子呼吸著整體社會情境所給予的一系列價值信念——如何分類出混得好與不好，什麼是豪富名流，誰是我們誰是他們，人如何不一樣。原本由市場所建置的遊戲規則，跨越年齡、性別、世代、地域，被誤認為普世價值與理性。

一個封閉體系，傳說著生命的單一路徑與樣板，人們被劃撥於虛白勝利與絕望他者兩端。凝神細看，不論在哪一個端點，由自輕走向輕人，「我們」或者「他們」，同樣面貌模糊，這當中可有倖存的勝者？而那被指定出的異端／他者，挑戰的是眾人所習以為常的「什麼」？

二〇二二年四月十一日，中午
所在：連鎖餐廳
事：午餐
備注：**有氣無力的菜餚**

若遇上得以一再回返的去處（there），人即有了很大的機會，能與他方異地有所連結。因為收留了人對現時（here）生活的此刻（now）渴望，不同空間／地方之於人，因而有了不同景深層次的形體面貌。繽紛的快閃式景點打卡，講述的是人對所到之處的薄情相對——高調，卻並不試圖意味深長地彼此交會什麼。

時近正午，我再次來到那家火車站前的商務餐廳。

這家並不新穎甚可稱之老舊的餐廳，有著不致讓人咋舌的價目，以及算不上年輕的服務員與客人，相較於新穎、但於我卻顯刻意冷白的咖啡餐館，這家老餐館有些老時代的溫吞與適度講究的環境和食物，我能輕易在推開玻璃門進入空間那刻，感認「這裡是我的地方」，留在那餐桌上的片刻時光，可以不僅只是一段彼此無關的買賣關係。

坐進軟墊沙發，我向那位已遇上好幾回但從未與他搭話的服務員，指著之前從不曾點過的菜餚圖片。昨天評鑑會上，由於怎麼也無法理解另一位委員冗長話語的用意是什麼，坐在他的旁邊，我一再備感困縛。那長達十餘分鐘的記憶猶濃，盼望不同的餐桌景色，能稀釋一些昨日窒悶。

即使知道菜單上的照片，常因誘引的目的而難免失真，但當看著送上桌的餐盤裡，三隻細細瘦瘦的炸蝦、上頭極度節制地淋了幾劃的凱薩醬，以及一旁似乾涸失水的和牛漢堡排、神燈造型醬盅裡淺淺的輕薄黑胡椒醬，我頓了好一會。食物透露著掌鍋人的心神，會不會此時我所接上的是另一場悶雷？

原本總是令人垂涎的晶透白米飯，接著像舊時學生餐廳那樣隨興地、被鋪散在白盤裡送到餐桌上。它們像是在匆忙之間被胡亂裝盛落盤。米粒們沒有在包覆的容器裡彼此緊偎保暖，在還來不及吃完一旁那蒸過熟而顯得乏力萎爛的青花菜之前，它們應該就已在白盤上冷去。青花菜旁因炸得有些過頭而不得不乾枯的薯條，看來又更加孱弱了。

有所失落悵然，我用叉子撈起一口米飯，突然想起遠方的糧食荒仍因極端氣候與疫情持續著，我對自己此時因口腹慾念所發出的嘆氣，感到罪惡。決定忽略菜盤，細嚼米飯，我的目光停落在正前方的開放式廚房。兩位穿著淨白制服頭載白色帽的年輕廚師正聊笑著。也許是工作縫隙之間的喘息片刻，他們將口罩拉下擱在下巴。我也同樣想念空氣還是清爽健康的舊日時光。

當其中一位廚師轉過頭，恰巧遇上我若有所思的眼神後，便急忙將口罩再次蓋上口鼻，我再也看不到他除了眼睛以外的臉。不知道他現在是以什麼樣的神情，準備著下一份菜餚。眼前桌面上那一道道有氣無力的食物，是否來自他對此刻的無可奈何？

過午，餐廳裡已幾乎滿席。戰事在烏克蘭地土上還未停息、新冠病毒隨著移動的人群快速穿越全球地理疆界。而今，在這家車站前我所曾經熟悉的店家裡，依最低薪資需勞動三小時才能付足的一餐飯，充滿鬱悶地被送上桌。這裡成了一處消費的空間、都會裡眾多的資本地景之一。一切都在改變之中。

工作時刻將近，我起身離位，聽見接連三組剛進門、看來約四、五十歲的客人，和走道上正端著瓷餐盤的服務員互道：「好久不見。」像是被鼓舞，站在結帳櫃檯前，我決定提一下青花菜和肉以及散落盤上的白米飯。

而當那位於我而言是熟悉老面孔的服務員簡潔回答：「好的，我們會跟廚房反應。」之後，我們像是彼此都不知道如何繼續接話的兩個陌生人，各懷心事般地，沉默結束了這一回合。

二〇二二年一月十二日，上午
所在：人行道
事：步行
備注：黑色小機體

原本應該在下一站轉車，可能因為前一晚入夜後由南轉北的長途車程和在旅舍的輾轉反側，以致今早頭還脹著的關係，按鈴下車後才發覺自己提早了一站。

手機地圖顯示所在位置，距離今日外督地點路程大概三公里。時間充裕，決定步行。因為足夠緩慢，徒步能帶來與平日工作截然不同的節奏感與身體經驗。假使運氣夠好，沿路沒有遇上太多需要緊急閃躲的自行車或騎樓上頻繁錯落出現的各式障礙物，便可專注於踩出去的每一個步伐與地面的每次碰觸、眼睛所逐一觸及的地景與移動物體。

行走的每一個瞬間，與人們特意藉由特殊時空所創造的靜謐思索時刻，可以如此相似。

從公車站牌出發，眼前是一條即將接四線道陸橋的道路，右側商家多半是小規模住店合一的汽機車修理商家。我在兩百公尺之外十字路口右轉後、暫停腳步查看地圖時，餘光看見並行的一位女性亦低頭看著手機——頭載耳塞式耳機，手機裡影像似乎是戲劇類影片。

他的後頸維持大概十五度的前傾弧度，讓他看來即使眼看著小螢幕，卻並不專注於眼神所著落之處，而顯現出像是虛線般的關係——可有可無地、像是為了消磨打發什麼似的——注視卻並不看見。或許也是因為那樣的姿態，他的步伐並不特別放緩。我們維持著差不多的速度行進著。有時我在前、有時在我停步於小巷口那幾秒鐘空檔裡，他逕自往前越過了我。

應是他很熟悉的一條路，走在細窄亦算不上平整偶有破損石磚的人行道上，他依舊仍能維持注視螢幕的十五度視角，繞過公車站亭、避開來向行人、跨過幾次人行道與道路的落差階。

我們就這樣保持著兩、三公尺的距離走著，直到在另一處小巷路口，未見他出現眼前，我停步回頭，才發現他已不在路上。一旁是一棟標記著某某科技大樓的入口。那裡就是他日夜埋首努力的地方嗎？

我再度走上一人獨行的路上，忍不住想，那位看來不到三十歲的年輕女性，寓居在什麼樣的生活感受裡？在前往工作路上的七、八分鐘裡，手機帶他去到了何方？工作或者生活之於他，意味著什麼？他喜不喜歡此刻那樣看來熟悉、如常有序的生活世界？

如若，生活能有岔出去的時刻，他是否還渴望著什麼樣的去處？

而那手上看來像是任意門的長形機體，有沒有去不了的地方？有沒有它回答不了的問題？它無時無處閃動的藍光，是否遮蔽蓋住了什麼？將人帶離開了什麼？

二〇二一年五月二十四日，全日

所在：西部平原

事：乾旱

備注：**物質虛掩著苦難**

西部沿海地區，上午八點五十三分，我正預備從草菜雜生的前院走進屋裡。透過一人高的扶桑花圍籬望過去，是淺淡藍色天空襯著移動的雲層，而抬頭正上方是灰濛天色，後頭依稀透著光。不再是之前持續好一陣子的窒悶，有怡人涼風，亦隱含模糊水氣，似乎即將有雨。

島上部分地區已於近兩個月前開始限水。昨日氣象臺預報之後幾天將有梅雨。之前曾落空幾次，不知道這次能否結束這場百年大旱。

屋子對面的農地，仍不斷密實傳來抽水馬達聲，已整整噠噠響了二十四小時，農人正日夜抽汲著相鄰鰻魚池所準備更換地下水而洩放的舊池水，用以灌溉正值抽穗的稻米。田地旁的灌溉渠道，從幾天前便已開始乾涸。

九點零四分，正準備開紗門進屋裡工作，地上紅磚開始落進幾滴雨水。我望向天空，「太好了」三個字脫口而出，同時快步拐進後院，在兩株文殊蘭交錯的肥大葉片底下，找到正蹲坐在泥地上的四隻小雞。出生還沒滿月未換毛，羽翼怕水身體也畏寒，將牠們一一捧進紙箱放進後門屋簷下，快速拉起窗簾以預防即將來臨的風雨。取皂淨手。坐上椅，替藍芽鍵盤開啟電源，平板電腦螢幕時間顯示九點零八分，預備開始工作。屋內突然轉亮。水氣消逝得比我從屋外走進屋內的速度還快。由桌前窗口望向屋外，又已是一片清朗明亮的晴空。院裡原本紅磚上的數十滴水點，早已消逝無蹤像未曾出現過。

人無法喚來雨水。地土乾燥如昔。不知道富麗文明與人所仰賴的科技是否能帶來解救？

島上人們務實而勤奮，而資本世界恰巧鼓舞著人們以物質不斷證成自身；共同牢牢地將人集體釘進勞動市場去競逐那想像的榮耀；高度勞動的生命縫隙裡，人們飲鴆般地仰賴、迷戀物質與隨時可及的高度感官經驗。

現代科技與豐沛便利的物質世界，既擴展著人的領地，同時也將沃土入殮為經濟資本。人們或許需要小心自己正許下什麼樣的願望。

人寓居於世。那每日行走其中，所觸及一處處夾經濟開發而生的貧瘠的資本地景，正鋪設著什麼樣的生活場景？傳遞／象徵什麼樣的社會與文化價值？它呈現什麼與遮蓋什麼，以致身處其中的人們無視亦無識於它的截切失真？

人在砍樹去林、一塵不染的現代文明冷房空間裡想念山海。極端氣候已成最醒目的全球化，各地氣溫正往上燃燒與向下凍結，人定勝天卻依舊被頌讚為美好的意志。像是著了魔一般。人矇起眼睛心智，指手說要買下山海，圈進私屬後花園，作為辛勞偉業的犒賞與榮耀。

旱象充滿警示與寓意。物質虛掩著苦難。我們正目睹著人造的天乾物燥，以及，星火將足以燎原的災厄苦難。

第二
現場

藏身於階級與權力裡的平庸

|

我們能否意識到所身陷的倫理困境？

景一——

重大社會案件檢討會議上。

主任檢察官發問：「為什麼這些重大社會事件的個案，大部分都是恰巧沒有被通報過的案？」

一位醫療領域委員回應：「大家已經做了很多。我們無法瞭解或預防自殺，（人如果沒說）我們問不到。」

景二——

社會局科長請家防中心督導進辦公室，以勸導口吻說：「我知道那位同仁工作有狀況，但他是公職社工，你要求他太多，恐怕不太合適。你要知道，你雖然是督導，但畢竟是約聘的，他是公職，將來是可能會成為你的主管的，你覺得這樣督導他，合適嗎？」

景三——

下班前，一位無安置機構工作經歷、甫到職幾週的生活輔導員，問了同樣在此之前沒有兒少安置經驗的社工督導：「我們這樣對小孩沒問題嗎？有時候會想，我這樣以後會不會下地獄？」

起點現場描述——

這是我頭一次受邀參加此行政區家防中心召開的線上個案研討會。會議再五分鐘即將開始，螢幕上可見提案報告的主責社工、安置機構社工、我與另一位前輩學者。四人或低頭看著手上資料或整理手上事物，偶爾抬頭注意螢幕上的情況與時間。

主持人顯示已上線，但影像與麥克風都未開。會議仍在等待另一網絡單位上線。

已過表定時間近十分鐘。螢幕上仍安靜無聲。由於兩小時後我另有會談，也因為一直沒有人對此狀況有所補充說明，我於是開啟了聲音鍵：「不知道是不是有其他特殊情況？如果沒有的話，是不是能請主持人開始這場會議？」

那個影像框底下——沒有名字也無職稱，僅標記出「主持人」身分——不確定是科長或組長或者督導的成熟女聲，開了麥克風。傳送出來的是和緩且平板語調幾個字：「好，那我們現在開始。請主責社工報告。」

因為會議時間開始得太早來不及用完午餐、或忘了自己的影像還開著、或已聽聞過太多人間風雨？那位學者大老，聽著社工報告著此智能障礙孩子的家內長期性剝削事件時，邊拿著什麼食物，怡然地，往嘴裡送、咀嚼著。

一個半小時的網絡報告之後，我與那位前輩學者分別給了回應；主持人邀請討論；最終，主持人進入整合建議結論、宣告會議結束。近兩小時會議，主持人的鏡頭始終沒開，原因不明。

是因為主持人自始至終的平板語調、報告人的泰然自若、大老的自在無拘，使得這場會議像是無關緊要的隨興儀式，以致絕大多數涉入其中的「能人」們，勇於心無罣礙地，裸露出其向來謹慎掩蓋住的平庸？

二〇二二年三月十八日，下午
所在：社福大樓會議室
事：個案研討會
備注：**被吐露出來的話語**

這整整一週，每天都在不同縣市排有一至兩場的個案研討會，我每天疾走過道於高鐵車站大廳裡的商鋪街前。出發地所在的售票大廳手扶梯口，有家鞋店，昨日上午行走之間，與正站在門口的店員眼神不意交會，我下意識點了頭，未料他開口：「今天也要出差？」猜想在一枚枚口罩之下，他也許能指出好幾位行色匆匆的熟悉路人。

源於眾出席者的各自狀況，剛結束的那場個案研討會，過程有些鬆散，也因主持人顧及我的班車時間，在最後幾分鐘，略顯潦草地快速結束會議。才剛過傍晚五點鐘，我已回到高鐵車站。比預計時間提早半小時。走出票匝口，在離開人馬雜沓店鋪群之前，我特意拐進當中一家日系連鎖麵包店，夾了塊甜甜圈。平日不太愛甜食，唯獨每回一結束過於緊湊行程又夾雜許多未解思慮的那日，口腔便渴望著那沾著糖晶體的炸麵粉圈。

由於疫情管制關係，只能先將它放進提包裡，無法即時就口邊嚼邊想，剛結束的那場會議，發生了什麼事。

新冠病毒已是這段時間以來的每日首播新聞，「確診」兩個字開始接連上現實生活裡不同的工作現場。上週一位來談者對我說：「我是亞斯，確診了」、今天有位工作夥伴在會議上報告時說：「案主是重鬱症，確診的」，那樣的語意口吻，彷彿「確診」二字已窮盡解釋了萬物，足以為所有不明刻寫唯一注解，劃上句號，不再有未完待續。

人操持著言語（speech）進行描繪表述，語言（language）則回身塑造著人的意念。我依舊記得，二〇二一年四月，島的東部發生重大鐵路意外，處處可聞見媒體與公眾人物談論著「創傷後壓力症候群」，並普遍特別加注稱它為PTSD。[1]

一九八〇年，改版後的《精神疾病診斷與統計手冊》（*The Diagnostic and Statistical Manual of Mental Disorders*），將人的精神狀態二分為正常與異常。當它被帶來這座島之後，也許由於其所宣稱展示的科學性與相對明確簡易，使它那般輕易地，在那名之為身心疾病防治協會網站裡、街口便利商店架上，即得以自行填寫預測。人跟隨其分類標準，對自身與他人的整體生命世界進行化約歸類與論定。

在公共議題上，當人們公開援用一個來自北美精神疾病判準手冊上的專有名詞或英文縮寫，試圖表達的是什麼？想與誰溝通？要引領關注的是什麼？表徵著說者的文化資本，使事件或人「看／聽起來」專業？

那些專業人士與大眾為何如此無所掛慮地，取借來自不同文化與社會結構的「診斷」指標？某個特殊／專有名詞，能否說盡一個個動態、源於不同根系的整體生命？在簡約與定論式的理解之後，能如何回補那被裁切掉的厚度與關鍵細節？它將人們帶到了何處？將離意義與真相更近或者更遠？

界定或尋求安撫／復原的方式，存在著文化上的差異，在此類重大意外事故裡，強勢將單一詮釋或觀點放進不同社群文化裡，可能帶來什麼細微不可識見的影響？未思及其建構的歷史時代脈絡與限制的全然挪用，是否帶來的不必然是援救，而是另衍生災難？在經過很長一段時間之後，它會在人們的內在與社會，發酵或者腐化出什麼？

像今天這樣一場個案研討會，除了案主的家防中心主責社工與督導、受委託的家庭維繫社工、案主的班級導師、專任輔導老師、社會局特約心理師，以及兩位負責給意見的專家學者，每一位在各自角色上，都有不能被遺漏、取代與輕易跳過的任務。網絡合作系統，藉由分工的路徑，獲致一個位置一種觀察。瞎子摸象，反能匯整為對現象的立體理解。

分工之所以走向徒勞，是人以某種階級標準，標示出所屬任務的高低，低估著自己所處的位置。那站在象尾之人，著急地說著他對象頭的理解，跳過了自己的眼睛與耳朵所親身觸及之物。

我看見會議上出席報告的心理師、社工、專輔教師，齊聲以神一般的宣說口吻，將討論對象及其受苦從生活世界裡拔地而起，毫無遲疑地以來自他方的病理診斷簡易作結。彷佛遠渡重洋而來的語言、病理學家般的位置，才能賦予話語威望。

我看見這樣一場工作網絡與研討會議，因工作者各自心繫自身身影的恢宏與否，落入空轉。報告時間已過四十分鐘，我仍捕捉不到個案樣貌亦觸摸不到問題軌跡，懷疑自己能否在最終決議階段，完成給予具體建議的任務。

也許由於時間如此遲緩又快速地消逝，當另一位專家學者仍極有耐心地以帶領大學課堂討論省思般，緩慢引導每位工作者能對困境開啟更多思索時，我在等待中的身體，禁不住開始由挺直滑出了弧度；露出會議桌下的兩隻鞋，亦像是想暗自催促著什麼，左右擺了幾下。我總期望著自己能在荒唐面前穩如大武山，對於身體此時所浮現的不耐，發現自己依舊躁動不安。

人們追求話語的威權，而威權，作為何用？是個人價值的閃耀桂冠嗎？那麼，專業何如？會是驗明自我價值的終極路徑嗎？若此，那病著的，是什麼？

時近傍晚五點半，我已走出高鐵車站坐進自己的小車裡，準備再開四十餘公里回抵家門。甜甜圈已化作熱量，副駕駛座上是空了的紙袋。啟動引擎時，想著這麼遙遠又轉折的一趟車程，連日來，我因工作所製造的碳足跡，是否換取了相對應的足夠回報——之於那一場場被討論的對象與困境的緩解、之於一線工作者專業進展的絲毫促成？

注釋

1 為創傷後壓力症候群（Post-Traumatic Stress Disorder）縮寫。

二〇二〇年九月二日，下午

所在：市政大樓

事：個案研討會

備注：**是淹沒或投降？**

受邀出席社會局召開的個案研討會。之前曾在這個行政區幫忙好幾年團督，對當地夥伴和工作情境算不上陌生。

這裡離家一百多公里，從目的地高鐵站到市政大樓需要再轉一個多小時公車。之前，我通常盡可能搭接駁車，若由社工接送，他們來回得花上近兩小時車程。但這次由於上一個工作結束時間太晚，接不上下午這場研討會，便沒有婉拒社工到站接車。

這回接送的是位資深老社工，開車門便看見副駕駛座上放著一只裝得鼓脹的塑膠袋。太久沒坐他的車，忘了事前提醒他不要再自己花錢替我準備餐食。袋裡的食物，一如以前，總像是慎重挑選過，有澱粉、有維他命、有蛋白質、有豆類。他說，老師你要吃飽。

回市府路上，他接了兩通電話。聽來是關於社會福利大樓的地磚不平整，需要聯繫廠商。

這位社工職屬家防中心，專責有關家暴個案的調查評估與處遇。生命世界有多貧乏枯竭與焦躁不安，社會局的案件數量與形態便有多龐大與混亂複雜。問題隨著時空總處在變異之中，在苦難現場勞動的專業人員，至少在倫理態度上，沒人能宣稱已備有恆長俱足的技藝。散落全臺各地的保護性社工，如同其他心理／精神從業人員，需要更多時間去演化所需的知識技能。

由於工作特性與此行政地區的結構性因素，就我所知這四年來，工作員額一直無法聘滿；於此同時，每位社工的工作量，亦經常因同仁離職而需額外共同分擔案量。長期以來，絕大多的保護性個案工作，僅能進行最低度的協助服務。掩目過崖，如同俄羅斯轉盤，每一步都依賴著運氣。危機只需足夠的時間累積。

我不解問他，在此人力荒漠之際，為何仍被交辦大樓地磚庶務。

他說，自己也不是太清楚，只知道原本負責的技工或工友被調往其他處室，之後，所有家防中心同仁，包括負責兒少、成人家暴與性侵的社工，便被輪流交辦那位工友或技工的原本業務。這兩個月，恰好輪到他當總務樓管兼收發文，昨天傍晚還處理了民眾投訴，大樓附設的戶外籃球場怎麼下午五點半了照明燈還不亮。

但，「建築物體管理，社工懂嗎？」老社工搖頭：「所以亂成一堆。廠商也倒楣，每回都換聯絡人。」他的語氣聽來平順無怨，彷彿被移作他用是這群社工的亙古常態。工作者離開原來的保護性工作，專業與人，連同其工作對象，被推出核心與主體之外。在此講究尊卑倫常和人情的地方，理應被寄望以專業的一線社工，如同其政治代理人曾經的口誤錯稱，被邊陲化為充滿愛心、不抱怨、能隨處支援的「志工」，在官僚體系裡，被捺進於只能承接但不（得）發問的邊緣底層。

當停留於順服的時間夠長，不只構築著一線工作者對思辨的陌生與排拒，連同消滅的，包括對原初理想的熱情。人們被馴化而順服；順應之外的偷渡行動，卻不必然像這位老社工，將理想與熱情渡藏於工作庶務裡，更多的事實，是以各式沉淪回應官僚系統，隨著年資，日漸成為初始自己所不喜悅或不尊敬的人，薪資成為僅存最低也是唯一的關注；而作為厚植專業與保持系統如同活水開放的個案研討會與外部團督機制，亦流為沿著人情義理而建置，被指派或邀約的專家學者，成為有心主事者的人脈資本，掉落為交換的體系。

那被名之為安全網絡上的空洞，並不總是來自被普遍宣稱的人力不足，而是由不為人知的細節，逐漸暈展開來。

當保護性專業工作的整體情境氛圍，形構著守薪守安穩，僅存對經濟資本的積累而不再望向眼前工作對象，人走成無感、工作道成虛空，專業自成隨時可塌的塔。那棟名之為社會福利或市政核心的大樓，落成遲滯無可動彈的封閉重物；卡在系統裡，那塔裡的人們，奉公守法而溫婉，對問題的結胎成形，終成漠然以對。

那已然全球化有關人權、社會福址的知識理論，是否曾經到抵此地？而地方所生衍的，是倫理與智性的思辨激盪，抑或是威望官僚的保全維護？在以人情義理潛藏處處的公領域裡，有關苦難工作的專業與倫理，是逐日被無聲淹沒，或者於某個時刻裡，人已噤聲逐一投降？

而身陷於中的工作者，是否仍有餘力去細察，那外貌相似的淹沒與投降，兩者本質上的偌大差異？

二〇一七年七月十二日，上午

所在：基金會

事：團督——相對人[1]服務方案

備注：**被擱置的人與專業**

這是一棟由基金會承租民宅轉作辦公之用的透天厝。一樓沒有設置作為緩衝地帶的接待處，在整片落地玻璃大門之後，即是所有社工的辦公區。視覺上，幾位工作人員連同幾件基本辦公設備，像是合力擠靠在一旁，以在另一側勉強讓出可供通往二樓與房子後段倉庫的走道。

步上二樓，視線較遠之處有面三合板牆，將此樓層區劃出前後兩處隔間，眼前是七、八坪大空間。天花板上掛著幾盞日光燈，光源正下方的幾張塑料長條桌和椅，標記著此處的會議用途。幾公尺外有道日光，含糊地映落在那面三合板牆所切割出的門框前緣。微弱的光線，補不齊室內的邊緣角落，使得剛上樓所身處的這處空間，看來有些昏暗寂黑。穿過會議室、經過那道薄牆門框，即是一間不到兩坪、占得全部落地窗光源的小室，裡頭放著一座略嫌厚重的辦公桌椅，作為內部一級行政主管「下鄉」時的個人辦公室。但主管一直不曾到來，經過一段時間之後，在偶爾需要較隱密談話空間時，工作人員便會移到這裡進行。

相較一樓的局促，稱得上寬敞的二樓，顯得空蕩無采，但卻不是由於形式上的簡便或者老舊的關係。空間區隔、光的來處、處室的明暗、人與物被安放與使用的方式、募得或購置的桌椅、光禿的牆面和好幾處的潮溼壁癌……，齊同暗指著地／人的邊陲，透露著一股有意無意的被擱置之感。

我與四位工作人員，坐在空曠會議室裡。今年度團督，據說是眼前這群社工與督導向總會爭取來的。以往在職訓練，不僅由於機構主管於延請講師時的人脈考量，也因為島上有關相對人工作的地方知識，不論在學院理論與現場實作，都尚處探荒階段，被害人的知識與技藝雖可暫且用以類比對照，但卻無法全然挪用採借；而前方苦厄正以轟隆作響的姿態蔓延，制度與體制正緊忙慌亂將徒手的人推往向前。

剛走出校園的青澀眼眸與不安語氣，所對應的工作任務是進入陌生家屋、去會見長期受縛於個人與社會政經牢籠的人。年輕社工掛著淚水，深吸一口氣，對我這位初識的外來督導開口：「對不起，我做不來。」身心仍舊單薄的青春，是否足以安撫一道道喪氣卻又威脅狂吼的浪？

我是否該重拾往年的溫暖，溫柔放緩速度等待——邀請他先回頭談談自己？他會不會同樣以我所經常會見聽聞的熟悉語態，訴說著這一路以來自己對生活的茫然與妥協，即使在經過好些年學院訓練、被任命為專業工作者之後，在看似無邊際的廣漠生命之前，他仍尷尬又彆扭地不知道該如何擺放自己的雙手雙腳？

而我是否該建議他，挑戰就在眼下，或許先將自身軟弱與詛咒般的過往括弧暫放，不去等待遠方王子或誰人的救援，即刻從沉睡中清醒，投入他所允諾的任務？或者，是否就跳過這些交會與鼓勵，直接塞上他一時不知該如何操持卻即刻所需的複雜技藝，以讓他重新決志，該就此離開此道或留下直面那一長串的苦厄工作？

在這張被喻稱為社會安全的網絡裡，布滿縫隙。是什麼支架著這座關於受苦與止厄行動的龐大舞臺？在此邊緣之地，「救助」行動裡的人的眼淚，所敘說的是人本質上的脆弱失力，或是一連串且長期被共同輕看、擱置與形式化的後果？

注釋

1 相對人，在社福領域用以指稱家庭暴力事件裡的施暴者。

二〇一六年十一月三十日，下午

所在：社福大樓

事：在職訓練課程

備注：**沒有惡人**

除了團督，講座是我另一個主要工作形式之一。相較於前者的長期訓練型態，後者所到訪的地方、對象與主題更為散逸與不在預期，所有的未曾意料，都是充滿可能的野地。因而，那一場場短暫會面，通常是我最充滿野心的時刻。我願意趁著身體還能跟上意念之時，隨講座登山走水。

今天這場講座主題是「青少年性剝削議題及其處遇」，對象是此行政區各級社工及心理相關從業人員。這裡距離我的住所不過一小時車程。即使不觸及更多資訊，單就建築物與錯身往來人員的熱情招呼，不難看出不是大規模經濟體系活躍的城。不同地方的相同講題，映現著共時的社會現實，但專業人員身陷的工作困境，卻通常具有其地方性。理論是否得以在此開展或貼地轉化，不只涉及官僚系統的支持與否，工作者的倫理意識與行動，更關鍵地影響其如何回應結構上的困難。

這天，依往常提早十分鐘到會場。除了不願意遲到，也想趁著短暫十餘分鐘，能與工作人員或上課成員搭上幾句話。在過了表訂時間五分鐘後，簽到單上幾乎已簽滿三張Ａ４紙，但座位上大概不及二十位。我問：「不是已簽到？需不需要等大家？」「不用，沒關係，老師，你可以先開始，他們應該在忙手上業務，沒辦法到。」

之後，知道未能到場的夥伴隸屬於社會處，簽而未到似已是慣例。我於是在沒到場但已簽屬的名字後方，加上「未到」的備注。課程結束後，回程火車上，接到社工科督導來電，說明大家不是故意不上課，是因為每個人工作量都很大，事情做不完，大家都已經很努力了。這次名字被劃掉，已近年底，衛福部要求的在職訓練時數將無法補齊。

我明白，我並非站在遠方從容旁觀的人，我也在工作現場，亦長年身處幾近耗竭的工作境地。

我深知眼前都是善良、辛苦的非惡之人。

我們被任命為專業工作者，卻長期焦慮於「追及不上」之感，關於知與實踐，似乎不過是無以抵達的烏托邦。於是人們集體轉身，在公私領域去成為一個「努力」的人——那在地方社會被視為美好的道德之一。然而，「成為努力的人」，並不同義於目標的完成；相反的，努力，在此並不作為途徑或方法，其自身，即是行動的目的。它使人如同天竺鼠奮力專注於跑滾輪，閉眼埋首耗竭，卻並不意圖到達任何他方。

當人將重點放在工作過程中的辛苦與勞動，便將因輕易滑入委曲之感而失焦，覺得自己的努力未被看見與肯定。被肯定的渴望，消耗著大多數工作者的能量，工作，成了展示的舞臺，用以獲致外在世界對於「我總是很努力」的肯認。這樣的追求並非罪惡，但它卻讓人與困境相伴陷入更深的泥沼，證成自身的努力成為目標，而非對艱難任務的真實動工。

如何能不感到憂慮——經過這麼長一段時間的做中學或錯中學，關於苦難的知識與技藝，其實已不再那麼迷濛，路徑亦屬可見，人卻不去趨近智性、去嘗試探看已曾被小心走過的可行之路，反去遁入日復一日的委屈與無奈之中？

究竟，人所致力投注的，是案主福祉，抑或自我美好形象的證成？對於知與實踐，我們是無能企及、毫不知情，抑或其實是無所渴望？

而假使每位被賦予暫時權力的講師、各級政治代理人，亦視自身為物——上工、簽收薪資鐘點、下工，不在乎工作對象是誰、是否能因而受益，亦無謂於其所默許共同起造的，是如何的一份輕乎他者與專業的墜落結構，那麼，工作者對於始終無止境來襲的困境、疲憊，是否還感到意外與失措？人們所齊手打造的，是何種樣貌的安全網？工作現場苦缺的，是永恆不足的人手抑或倫理的意識？

以助人為名，我們站在他人苦難的正前方。擔憂著聲望毀譽及其後位階、權力，不及意識專業正走往平庸。當中僅只是缺乏正直與良知，沒有惡念。因而，我們也許與他人的災厄全然無關？

二〇一八年四月二日，上午
所在：協會
事：跨網絡個案研討會
備注：跳躍為「常識」的病識感

我與其他八位安全網絡工作者一起坐在一處非營利組織的辦公大樓裡，為了討論個案工作上的困境而聚集在這場個案研討會。依會議流程，一開始，由代表安置機構出席的資深社工報告案主現況。報告裡，以「狡滑」形容當年那位八、九歲孩子在安置機構裡，對同儕、工作人員一再的擾亂行為。

親生父母在那孩子出生時即棄養，由養父母照養著。在即將入小學——原本天真臉龐開始脫離童稚可愛，逐漸在氣質形貌皆轉脫為小大人時——養母不再喜歡小女孩的長相，說孩子不夠漂亮，將他送回鄉下婆家。在婚姻裡遇到困難的大人，最便利的問題解決方法，是將手指向還沒長大的孩子，說親密關係的失和，是因為他的存在。幾年後，大人將他從家鄉帶回都市裡同住不到兩個月，孩子旋即因受虐而安置在機構裡。

緣於對世界的理解簡易而單純，孩子無以得知成人世界的運轉何其曲折善變，依舊在機構裡想家想爸媽。社工安排養父母與他會面。養父帶著不願見到孩子的養母的強烈意念隻身而來。趁社工不在，在會面室裡，簡短俐落告訴孩子他是領養，以折斷孩子想回家的念頭。

那次會面結束後，孩子在機構內開始不斷在身體各處抓傷自己。工作人員不明白也不知如何回應孩子的突然轉變，同時，也由於精神疾病的衛教已普及於各個社政系統多年，在原本多元的專業網絡裡，已成強勢常識，孩子被不當對待的問題，旋即輕快地轉向自傷的病理視框。他迅速被送往身心診所尋求協助，並快速獲致憂鬱的診斷。

失當的問題解決途徑，無以改善情況，更進一步複雜化與模糊化其困境。更嚴重的自傷、說謊、偷竊、人際關係衝突，以及重複測試社工、心理師與老師對他的愛，是否如同父母總會變卦、收回。再次，「失常」的行動在關係或當代社會生活裡，被毫無懸念認定為應該努力克制消解的問題。安置團隊送孩子回診，除了原本的抗憂鬱劑，醫生另外加開了利他能——在臺灣常見的過動處方。孩子穩定服藥，病識感順利建立。

然而，神經科學或者精神病理的觀點，能否由深處回應生命在生活世界裡的暗地苦境？

診斷，並不只停留在片刻的醫院診間或小小藥丸裡，它進入日常生活，建構著孩子如何被他人看待，以及如何界定自己。

關於候診與診間的經驗記憶、診斷後的標記與其每日密集吞食的藥物，以快速而充滿不可預測的形式，積極參與著一個年幼生命的生長，滲進其世界的現在和未來；同時，也抹去原本循著問題，可能被指認出的痛苦生成源頭、轉變的軌跡，以及其所隱含意義。

挑釁攻擊的話語與行為，於是集體被放在「患者」的框架裡篩選、解讀。十歲的孩子開始對老師、同學以「專業」語言說話：「我沒有辦法控制自己不搗亂，因為我心理有狀況。」團隊不知道如何接手回應孩子「狡猾地」以病為名的威脅。病識感進展成為困境自身，並連同初始清晰的痛苦，交揉為複雜面貌、混亂的問題叢。

一連串不同專業系統的協助，在幾個月時間裡，重新定義與改寫了問題——是生病的孩子，導致專業工作的困難。

病識感建立的終極目標，是看來理性而科學的「穩定服藥」，然而，此知識／規訓並不自外於全球大藥廠精心的市場計畫。島上有關年幼孩童受苦的知識與技藝還依舊混沌模糊，藥物即已然被視同科學、服藥被宣稱為理性，兩者相偕快速地橫跨各領域、於都會鄉野建立了至高威權。

一個原本的權宜之計，尚難以止厄，卻已跳躍為常識。常識，經常意味發問的終點。「病識感」作為終極目標，仍未能解困，反已催化更龐大問題叢，身處於其中與周遭的人，已遺忘原本童稚的孩子，如何在被至親棄置的生命世界裡，從「被保護兒少身分」逐漸被集體轉譯為「患者」，再而到落定為狡猾的「非行[1]個案」。工作上的困難，是來自孩子的「劣性」，抑或人們對科學「常識」總是溫良膜拜，以致對問題仍迷茫無知時卻已不再追問？

幾天前，我做了場惡夢。夢裡前段的情景因接連數天的滿載工作而悉數模糊褪去，記憶所及是幾秒片段——我從另一個人手上接手兩個稚齡小孩，走不到幾步路，只感覺身體愈發寒冷，我俯身看了左手牽著的那位小男孩，不知何時已成魂不在體的鬼。

良知藏在夢境裡，不安穩的睡眠，能夠帶來清醒。現實中的難題，跑得比專業的訓練與想像還快。工作人員慌亂無策，而那遠道而來的知識理論，無法安頓這地方社會裡的孩子。當孩子變成現實裡的鬼，多少我們牽涉其中？

孩子理當被摯愛呵護，也許是人們仁慈的鄉愿假設。在大人們所指揮構建的社會生活裡，年幼生命正如何在一段段關係裡，理解著自己與世界？孩子如何早夭離去？那群在幼童身旁或遠或近的成年人，正旁觀著什麼？

而與人相關的專業工作者，如何走向平庸與冷漠？那轉變的細節是什麼？如果一開始只是個人，後來如何成為集體現象？若暫時依舊以網作喻，在社會安全網裡，一開始掉落的是被害人，此時是否也捲落了因過度單薄而輕飄的專業工作者們？

當人對他者生命的看重與熱情被抽除，我們是否仍無法理解，新聞裡，那發生在家屋與街道上，一件件令人不解與難以置信的巨大悲劇何以發生？或者，已然知悉，但就像那孩子懷了孩子的和善之家，因真相可能動搖既有的安穩與核心位置，我們因而怯懦於指出？

每一場此類會議，映照出工作對象生命軌跡上的鬼影幢幢，都是災厄的第二現場。慶幸的是，大多數時候，嚴肅與夠深的討論，能帶來力量和改寫原本的腐壞結局；但有些時候，我所身陷目睹的，是一連串由良善與殘忍、科學知識技術與對其幾近迷信的交疊暗影。而接力完成這段鬼故事的人們，不知是否有足夠的敏銳，能夠在這過程感受到不寒而慄？抑或者，人們只是無所察覺地，繼續安然旁觀？

注釋

1 非行，指偏差行為。

二〇一八年三月一日，下午
所在：市政大樓會議室
事：團督——家防中心
備注：**災難裡的煙花，有沒有真心？**

自一九九〇年代末開始，各縣市家防中心逐一成立，作為各行政地區社會局處針對特定對象、已成普遍議題所設置的獨立機關。任務對象為兒少、親密關係暴力與性侵害被害人等保護性個案。

保護之必須，源於重複且長期發生於特定群體的困境。這群主體對象，在政治經濟社會史上，長期位於邊陲之地。不論突發危機或長期受困，照見的不只是個人的無計可施，更指出因位處社會結構與政治力量的邊緣而脆弱。因而，社會工作的本質任務，即是對位處邊緣地帶而受限無以動彈的那方，透過介入去止災解厄。

只不過，「社會安全網」作為介入的核心隱喻，將邊緣重新定義為掉落。看似憐恤與救助，但卻是將結構上無處不在的眾多邊緣，轉譯為個別、特殊與本質上的失能。

今年是在此行政區域幫忙家防中心團督的第三年。從住家到這裡，單趟路程約需將近三小時，我總提早一晚住進旅舍。一方面不願意因匆忙交通往返而擠出更多身體的操勞感，畢竟，不論藍領白領、高或低技術門檻，島上踏實的勞動者早已集體陷落身心的過度操勞裡，若能在生活節奏裡創造餘裕，至少能與剝削拉開一點距離；另一方面，即便只是短短一個晚上，我還是希望能在街上嗅嗅所到之處的氣味。人與環境緊緊相繫，愈浸入人群生活空間，對於其困頓就有可能愈不會感到困惑難解。

特別是與社會科學相關的工作，地景空間、人口結構、產業特性等層面所衍生的諸多因素，彼此交織互塑而成地域特性；全國通用的法規，在不同地區形成有所差異的治理紋理似是必然，作為橋接或轉譯的各級政治代理人，對專業工作、自身、環境與情境的敏銳，關鍵決定著紋理的方向。因而即使每位工作者都接受相似的訓練結構、依相同法規行事，各地方社會如何實踐專業的內涵與方向，常因各個層級政治代理人而有截然不同的樣貌景深。

而不論是新自由主義、科技或其他因全球化移動所起造的風潮，地方社會的面貌轉向變動而複雜，社會工作者的止災解厄，早已遠遠不（應）止於提供物資與庇護、以初級同理支持的「個案服務」，它必須涉及對個人與結構環境進行足夠的評估與充權（empowerment）的「處遇工作」。此兩者不是本質上的差異，而是一條線段上的兩個端點。

相較於較簡易淺層的「服務」，工作者的處遇任務，在於能否藉由多重知識與技藝，偕同工作對象走到更遠而有力的那一端。此間，需要借助一定程度的理論知識、對於複雜社會生活／現場的敏銳感知，以及，能被他人苦難喚起深刻哀痛。

然而，關於苦難現場的知識與技藝，源於諸多複雜因素而遲遲無以成熟發展，卻已然形成僵固的處遇框架——強勢的「依法」論述、工作者集體SOP化的比照辦理，法規因而在苦難現場脫離了原本作為行動的最低門檻，躍升為天花板，構造著形式主義的工作文化。

最終，在此止災解厄的任務裡，長期停滯於資源轉介的個案「服務」，進不了「工作」；形式主義所帶來的平板、模板化與漠然，取代了對他人受苦的共感，專業人員對於自身的無能為力，不再感到緊張擔憂。

作為外部督導——自外於地方與結構體系的訓練者，任務之一即在攪動此平靜池水，催成工作者對工作的思辨與能動，促成工作者在短暫的團督時刻裡，練習能問能思辨能挑戰。於此歷程，所修練的不單是技術，亦是視野與價值。這需要時間。慶幸這一年來，我已能從眼前這群工作者身上，看見這樣的有力時刻。然而，今天團督氣氛不太一樣，他們安靜無話。

前段時間，地方發生大型災難，國家代理人指示一戶一社工，由社工專責主動協助受災戶的補助工作。看來良善體貼的政策，或許起於對生命的看重，亦可能是代理人各式資本積累計畫的啟動，需要在過程中，去檢看什麼被放在核心位置、什麼被略去擱置，才能判別那政治性的意念與行動，是由什麼所促成。

一戶一社工，由兒少家暴及性侵保護性業務的專責社工接手。手機需二十四小時候機，未訂這項任務完成的時間表。災後半年，這項臨時特殊的備勤工作尚未解除，有戶受災住民因補助問題，找議員投訴社工／縣政府，透過媒體指出自己受傷的分級不應該被歸類到三萬元，應是二十萬的補助。

國家代理人緊急召開檢討會。檢討會上，沒有負責評估受災等級的衛生局人員出席，唯社會局全員社工受召。會議開始，親點了投訴受災戶的主責社工姓名，要那名社工站起應答。

第一個問題：「為什麼會讓這件事上報？」再問，當社工一再送件，衛生局仍舊評估將該戶一再歸為只能補助三萬的「微輕傷」，「你為什麼不直接上專簽給我？」

最終，檢討會的決議之一，要求那位始終站著的社工，對大家鞠躬道歉。「因為你，讓大家的辛苦都白費了，讓民眾覺得我們沒有在做事。」滿堂眾人目光下，社工鞠躬、道歉。現場幾位社工掉淚，這是一場家長式官者威權的再次召告與警示。一線工作者不因專業而有力、自由，兒少家暴性侵的主體已然隨同專業，在傳統地方政治裡被推撥至邊緣。

人由於思慮著自身在公眾眼中的身影與才能，以致其餘都成他者與模糊背景。欲念，連同威權滲進權力與階級的正中心，那被用以積累聲望或政治資本的災難事件，成了一次次閃亮的展演會場。

這場額外召開的會議，不是源於一線工作者的失當，是積累聲望計畫的出錯插曲。而插曲如同危機，使隱藏的核心浮現到公開領域，真實的是人的自我戀眷，其餘有關愛或溫存之語，不過是誘人迷濛的煙花。

傍晚團督結束後，社工載我回旅舍的路上，告訴我晚上要記得到附近的廟埕看看燈景，說味道迥然不同於國家辦的燈會。晚間，在旅舍簡單梳洗後，我走到廟堂前滿布的手繪燈籠底下，街巷漫遊著身穿時下流行古著的自拍年輕人、口說日語旅人看似禪味的大提琴表演、柏油路上席地而坐聽琴的西方面孔遊客、路邊的文青小攤。一切看來如此安詳而有品味。而我卻已無法確定，眼前所見是否亦是幻影煙霧？那市街面容底下，除了營造著迷醉氣氛之外，是否還有著對他人的真心？

二〇二〇年十月十六日，下午

所在：中學校園

事：團督——專輔教師

備注：**無憂無愁無懼**

眼前是三十多位來自各所中學的專任輔導教師。這支新生隊伍，由大學輔導相關科系畢業的生力軍組成，隨二〇一四年《學生輔導法》進駐校園，為日趨增加與複雜化的校園景況提供即時協助——新世代的教室與輔導室裡，浮現的不再只是青春所特屬的可愛困擾。半大不小童稚臉龐的孩子，藏身在或退或狂的心緒裡。[1]

而知識發展的速度，趕不上被捲入政經社會文化裡翻攪的年輕生命，那已然是古老的遠方理論或幽靜學院實驗室所無法理解的世界。為期一學年，每年總計八次延攬自外部的督導，以團體形式，用以快速凝煉幫補專輔教師的現場工作。

相較於系統性課程或理論的固定內容，每一場外部團體督導內容，是由提案人、督導、旁聽者三方共同形構的動力結果。其中，涉及工作者的展技求問、足夠銳利老成的督導建議，以及參與成員對於該建議的再提問。

特別是在這樣的大型團督裡——由於教育系統經費的受限而集結三十餘人，說與聽者的身心都需全神貫注同在現場，才可能共時隨著歷程俱時前行。理想上，它不是老師與學生的關係，而是教練與各球員共構的觸身訓練，隨次數的積累，形成師徒似的鍛鍊。而球員的願意現身提問，必然基於其對於作為練習生——而非無所不知專家——的覺知：當中混雜著求知若渴、對自身始終不足的擔憂焦急，以及對於工作對象的高度在乎。這樣的情感與情緒所帶引出的，將是整整三小時討論過程裡的趨近與凝神。

是不同個案問題、工作者狀態與督導能力、各校園管理情境，以及其他任何細小因素，牽動此大型訓練形式是否得以有效運作。

然而這天下午，我站在偌大講廳前端，這場輔導教師的外督隊形，如同校園一般講座，座位前頭空著三、四排。也許是以往中學校園演講廳裡的經驗，總如坐針氈虛擲時光，又或者是工作的熱情，已然因其他不可知的諸多原因而消失殆盡，校園的週三講座，似普遍掉落為教職員不得不參與的儀式。講座開始之前，聽者桌前經常業已是批改作業的預備陣仗。既另有旁支計畫，坐在遠處，似是務實的選擇。

那樣長長物理距離的隊形，誠實展現聽者心理上的後縮遠離。那是將身體暫留在這裡，只是遠遠聽著或觀賞、不涉及思辨探究或對話往來的位置。

在這個有關苦厄的工作裡，遠遠聽著，是專業俱足的好整以暇，或者倫理上的失守？裡頭是否藏有工作者的漠然？它與傲慢、無知的生起，有什麼樣的關聯？

知識有邊界嗎？即使有，有沒有可能我們都還遙望不到邊界，但卻以為已達峰頂？

律法設立了眼前這群專業工作者的入門資格，然而，原本的門檻，在工作現場幻化為天花板與文化資本。幻化變質，來自工作者的誤解與遺忘——法制所立諸如相關科系或年資或執照的資格，並不映照出至高榮耀的幻影，而是對於其與工作對象專業往來的最低要求。

在他人的生命苦難面前，始終的不足之感，不只是永恆的事實，亦是倫理上的必要情緒。無惑或從容，不會也不應是專業的真實面貌。

這些一連串的遺忘與誤解，堆砌成對知識與實踐的漠然與無知。至此，訓練課程、網絡會議、個案研討會，都將形成一齣齣虛構戲碼，現場沒有真人、沒有要實心練得的技藝、沒有渴望求得的知識，亦無要到抵的彼岸。

人，如何能對他人的受苦無動於衷？人又如何對於自我的愛戀無所察覺？若人閉眼遮耳去回看世間的苦難，如何能不成為他人的地獄？

若當校園裡深藏著源於無知的傲慢，那支新編入列苦難工作的隊伍，將仍看不見眼前年輕身影所被捲入的，是什麼樣的遭遇。因大人們正低首耽溺於那被虛幻命名為專業的河，在那裡，有著扭曲鏡映出來的他（們）的絕美面貌與身影。他們歇坐在岸邊，無憂無愁無懼。

我看見那抬頭挺胸姿態裡，有著不可一世的自信。

而從容，有時是從無知與冷漠而來。因為不懂得擔憂，正直消失。倫理失守，立意良善的律法，還遠遠等待著足夠相對應的技藝與願實踐其終極價值的人們。在還沒來得及育養專業時，我們先嗅到了隨階級而來的權力。這是一個不幸的消息。

你是否還記得？你我都是過道——理當如此重要，亦當如此地不重要。

這天下午，站在講桌前，看著幾位總遠遠安坐椅上，手忙其他事務的輔導教師們。我思考著自己作為外督的身分，還能如何推進，以去喚起夥伴們憂慮之情的同時，我想起前兩天在廣播上聽到的一首歌。

其中一句是這樣唱的：「耶穌有另個名字，叫作你也叫作我。撒旦有另個名字，叫作你也叫作我。」而若有朝一日我亦因過於無知以致看來如神似幻時，是否能嗅出自己衣衫整潔底下空洞而腐朽的味道？

注釋

1 中學校裡的學生輔導問題，不再如早年僅止於人際或學業等普遍性的發展議題，自傷與特殊身心狀況已益發成為校方須面對的顯著困境。

二〇二二年四月二十一日，下午
所在：網路會議
事：個案研討會
備注：**那頻頻攬鏡自照的前線兵將**

一週前，島上人群因Omicron病毒再度集體進入低物理接觸期。我剛結束一場由家防中心召開的線上個案研討會。是跨越兩代、家內家外的長期性剝削案。

即使絕大多數是一再重組的同義句子，但由於高密度夾雜專有名詞的順暢流速，使得螢幕上那位主責社工的報告，聽來極為游刃有餘彷如一場演說，以致我無法確定，他是否能有所機會，於某個停頓空檔，得以意識、觸及自己看似快速，實則深陷耗能迴圈的停滯狀態。

言語飄浮在意識之外似地被流暢使用著，會議行禮如儀滑過將近兩小時。只剩最後二十分鐘。主持人也許亦仍在五里霧裡，遲遲未將會議推進到最後的專家建議階段。

在這一場場被名之以社會安全網絡的會議裡，坐在偌大會議桌前方，表面上，我被期待提供建言，看似可輕易影響決策的去向，但實際上我也同樣等待著接力賽跑道上的棒子。一場得以被稱之為具備成效的會議，極度仰賴每一位與會者恰如其分地實踐角色任務，提案人提問、專家建議、以建議為軸的追問討論、主持人結論，一棒接一棒，讓問題或困境能透過歷程得致梳理，並在最終浮顯清晰的對應行動；此歷程仰賴著會議上的每一個人，對此聚會有著共同的高度野心——不願徒勞耗竭、真心實意務求完成任務的企圖。

二〇一九年，一位母親將身障幼子的脖子掛上了屋梁。幾家新聞媒體如同往常，在一切仍模糊不清之際，便宣告是源於憂鬱的失常行動，此即時論定，對應的是群眾急切渴望能早日脫離此突發、不明憂懼所需要的解釋，以將失序排除於日常之外；而理想上，國家各層級代理人的責任，則在於循著整體社會生活與政經特性，進行苦難與結構的交相對照、分析研商，為此後的改變設立起點與去向。由日常去探察災厄可能的生成軌跡，即是一場重大社會事件檢討會議，最基本需完成的任務。

當時我受託以專家委員身分，參加那場兒虐事件檢討會。理應是相關工作網絡逐一自評與報告、專家學者回應與建議，最終由主持人統整並形成具體改進事項。這樣一場因死亡而召開的會議，目的在促成國家行政體系與專業系統，實質檢視需補待修之處。

而那場會議時間從上午九點半開始，直到十二點零五分結束。沉悶冗長，不同於我四年來所曾參與的一級會議。原因卻不是由於過多的案量或複雜難解，而是當中充塞摻雜了原本不應上場的諸多其他。

副市長因另有記者會，在各網絡人員工作報告即將結束前，才入場接手主持。也許是為了彌補之前的缺席，或者為了顯示即使不諳此領域亦無礙於快速掌握狀況，抑或僅只是為了表達自己的愛心情感，副市長並沒有等待最後一位人員完成第一階段的網絡單位報告，入座後，即分享其年輕時期的志工事蹟。那段十餘分鐘感嘆世道式的個人暖場之後，最後一位報告人——那位母親生前的身心科醫生——接手講述自殺的不可預測性，析分自殺原因分為情感、經濟、情緒與精神因素，並將此次殺子自殺的母親，歸因為經濟困頓之故。議程進入回應時間。第一位專家委員，以其精神醫療經驗分享過往臨床案例，表述此類問題的不易。不知道是否忘了，或不得不地略過，他最終並未談及此次事件。

一連串輕鬆的「分享」時光之後，很快便走到表訂最後十餘分鐘，也許在場其他成員，都看出了我和另一位社政領域專家，困窘地分配著殘餘時間，快轉般對不同單位分別給出看法建議。而副市長在還來不及進行統整委員們的意見與結論之前、僅再次表達對人們不愛惜生命的嘆息之後，便離席趕往另一場會議。

魔幻時刻仍持續迴盪。坐回主席位置的社會局長，亦未拿起代理主持身分，轉身自成第四位專家學者。長篇的空洞話語，消蝕著剩餘的每一分秒。會議桌前，盡是每位菁英仕紳的各自過往與此刻榮耀。麥克風裡傳來如潮囈語，除了發話者自己，並不為誰而出聲。這場兩個半小時因苦難而起的會議，大致是如此被高舉而後輕放。最終，像命定般，通往匆促、沒有具體決議的渙散結局。

人們將對自我的高度關注，誤認為主體的展現，緊張因而如影隨行——競逐、排他，聚光燈底下應該／必須／只能是我；不意圖去聽見其他，唯專注於嗅聞著合適時點，急切將囈語扭轉為世界裡的巨大聲響。人們道成攬鏡自照的水仙，眼裡無他。

對於自我的眷戀，人寄生於眾人目光。而經由財勢、相貌、聲望權力、知識技藝、他人尊崇所串起的層層錯覺，緊密相連著妄念，於是自身大過於其他生命、高過於天、廣漠於海，如同道路上的疾駛逼車，講述著萬物必得讓道於我。

受困於錯覺，人無法視見他人的受苦，走往精神與行動上的死寂。每一場相遇終成枉然。在那寬敞會議廳裡，時間與空間，因失去意義而瞬間消逝，彷彿什麼都不曾存在、什麼也沒發生。

對於時間被虛擲於滿溢自戀語態的空盪會議室，是否仍有人感到不耐與深深的罪惡感？若眼前所見盡是賦有聰穎才智之士，人們將天賦所能放到什麼地方去了？

人如何看待語言與使用自己的身體?試圖在公眾面前展演的是什麼?是源於展「能」的焦慮或者憂懼於被看出自己閃亮頭銜底下的「不知道」?一場被低估、落為展演的會議,起造了之後的無能為力。災難被催起著。

那名之為社會安全網裡,滿布的盔甲底下,是否並無兵將?

二〇一七年一月十九日，上午
所在：地方法院
事：專家證人
備注：**我們知道自己的不知道嗎？**

是二〇一三年的案。四年後，因為被告再提上訴，最高法院希望我的案主能到醫院接受鑑定，以確認他是否因導師長年的性剝削，出現創傷後壓力或斯德哥爾摩症候群。期望我能說服男孩回醫院一趟。

這是現實的必然限制，法官再博學亦無法全知，必須跨界與他人接連，才可能離事實更靠近。這項替代神去進行世間的判死生工作，在尚無其他可用途徑出現之前，只能暫以科學的技術與知識，作為取證的最低要求。

關於當時孩子的身心狀況，我仍清楚記得二〇一三年那次詰問時的其中一段——被告律師問我：「你如何確定告訴人的創傷後壓力症候群是來自他所說被『被告』觸碰的事件，而不是來自其他原因？」

這樣的發問型態是有跡可循的，我明白為何他會如此發問。自一九八〇年《精神疾病診斷與統計手冊》從第二版修改為第三版後，簡易的症狀指標即代替複雜的動力分析與理論。這對日後所造成的重大影響之一，在受苦的認識論上，以指標症狀為判準，形成去脈絡的診斷，只給定結果，但不探究與揭示心理轉變的可能起源與軌跡。

生命的交錯歷程與意義豐厚，消逝於一枚單薄的名詞。簡化，快速建構對某個狀態的粗糙理解；被抹除的歷史，致使人們因視野的斲斷而無知。

由無知所生衍的自負，箝制了人們思索與追問的能力。當被告律師詰問如何確定案主的心理創傷來自被告，此提問前提像是：即便某甲的感冒屬實，如何能認定，某甲被感染的具體起源是某乙？

看似符合邏輯的假設推演，因前提假設與知識援引的不當，對生命已然形成巨大的錯誤理解與宣稱論定。

四年前與這位小男孩接觸時，我剛取得人類學學位，也正著手有關勞工苦難論文的出版改寫。人類學跑田野的研究方法，不只為我原本十餘年的諮商觀點帶來莫大啟發，亦深化、擴展對生命世界的理解取徑。當年，除了保留原有與案主的會談室諮商形式，在謹慎保守案主隱私前提下，我亦與案主家人、同學、鄰居、玩伴進行或長或短的訪談，同時，也參與觀察記錄案主在學校、家裡、遊戲空間的情景。進入他的日常生活，並交相來回對照會談與訪談。

因而當年那份交給律師的最終報告，以及在法庭上對法官的說明，不是受限於單一時間與空間的扁平判斷，而是交相參照不同時間、空間向度與生活對象，所構成對一位主體與事件的描繪和分析。盡可能以相對厚長的追問歷程，去補充診斷手冊的化約。

男孩的律師在上週電話中轉達法院的鑑定需要之後，也許聽出我聲音裡的遲疑，他再補充說，最高法院的法官對這個案子很有心，他信任二〇一三年我以專家證人身分在法庭上的報告，只是光有論述還不夠，需要有診斷鑑定的補強證據，好讓他回答最高法院的文。他是一位約三十餘歲的年輕律師，當年，對於案主的心理狀況，我們經常密實地講上一個多小時。很容易透過他的用語口氣以及詢問的問題，得知他對人的關懷有多深。我很珍惜能有這樣的夥伴，特別在偏鄉。然而我的遲疑，並不是有無意願的問題。

四年間，很幸運的，當年的小男孩透過自己和重要他人，已逐漸消融了創傷，重新接回被打亂的生活世界。而創傷之屬的症候群，並不是物理上可見的術後疤痕，生命的痛苦現場已改變，此刻科學的鑑定，幸也不幸，將找不到人們所仰賴的客觀痕跡。此外，若我先前對孩子的瞭解正確，猜想他應該不願意回頭追究。我們所面臨的，是一個已關上門的通道，但面對這樣熱切的律師與法官，我願意一起碰碰運氣。隔兩日，我依約到校門口等他。

當時的小學生，已是大專生。果不如其然，孩子一如以往，希望能不再花時間在這件事上，他未曾想去懲罰誰，亦不在意當年侵犯他的老師是否再次想脫罪。當他說這話的時候，我想起四年前被告律師在法庭上，指出孩子是因為報復老師照顧其他學生而起的誣告。

看著他一如以往的羞赧安靜，我實在沒有權利要求孩子去扛起社會的責任，為自己或其他許多像他這樣的小男孩，再次現身指出那人。我最終選擇空手而歸，稀薄寄望於自己能在出庭時，做好傳譯工作，讓所見聞身觸的個案／他者世界，能過渡到律法可觸及、理解的境域。

只不過，即使已在預料之內，上午步出法院時，我仍感到失力氣餒。今天被告律師詰問時，是刻板的大眾式問句：「案主有沒有可能因為單親，所以對老師產生特別情感？所以說謊，捏造說被老師性侵？在研究上，有無此類案例？」我：「就我自己在實務上或所知，沒有看到此類研究。」

被告律師笑了，接著他從桌上取出一張從網路上印下來的一篇「貼文」，上頭寫著單親小孩的戀父症。來源是某育兒社群的聊天網站，沒有注明發文者身分、論述來源。那位據說戰績彪炳面貌慈祥的被告律師，接而再次對法官表述，被告因被誣告而掉的眼淚實屬堪憐。

人們普遍有著憐恤之心，以致認為可見的淚水必定意味柔弱與亟待援救；對於人群的分類亦是單純貧乏，想像為師肯定正直、單親隔代必然隱含性格缺損。

然而，關於發生在性事件裡的成年男性與年幼男孩，裡頭總有太多的虛實相雜、與刻板印象恰好相反的事實。必須尋見後臺以映照幕前，才可能理解或判斷那轉場與換裝，想隱與顯的，各是什麼。在如此蒙昧不清的世界角落，不論生活分享網站的刻板言說，或者被告律師看似資歷俱足的生活與專業經歷，皆仍因涉世未深而落入天真，無以拆解那舞臺上看似委曲失措的展演，其實是銳利武器，既用以迴避，亦控制人心。

而披上專業之袍的人們，如何能去意識到自己在此地此刻的無所知？特別在握有權力之時，還能夠時刻膽戰心驚，小心翼翼不致將自己對他人的壓迫或殺戮，誤以為是正義與拯救？

人如何能知道自己的不知道？法庭上，看著這位身經百戰的律師，我不感到絲毫可笑，是深深的悲傷。

而我，如何透過有限的時間與語言，如實對他人開展自己的眼見目睹，如同如何能使那不諳手語的聽人，去理解聾的世界？在那一處處陌生之域，語言能走到什麼樣的幅員與深度？除卻文字語言，是否另有他途？抑或者，困難的不是話語，而是人的意念——某種願意將自身暫時括弧起來，將問題放在眼前，以展開深刻檢視的意念？

二〇一七年五月十二日，下午

所在：基金會

事：團督——相對人社工

備注：**那巨大的空隙**

當所有夥伴坐定，在我還沒來得及開口前，那位社工便說：「老師，我的個案又自殺了。」請他仔細說發生的事，簡單說了一半，再又掉淚問：「我來一年半，我的個案就自殺死了三個，是不是我哪裡做錯了？」

三年前，開始透過團督協助此行政區的家暴相對人服務方案。相較於遭遇家暴方的保護工作，關於施暴方的協助介入才正式起步幾年。此方案社工幾乎全數是剛大學畢業或未有相關經驗的新手。年齡不必然是問題，技藝與智性仰賴的是熱情、信仰與不狂妄。不被輕慢蒙蔽，人方能敏銳著自己的無知，不致橫生災難。

我很喜歡每個月在這裡的三小時團督，可以輕易從幾位生手身上嗅出熱情與清晰的信念，透過他們無所畏懼丟出來的疑惑，對於工作與對象的理解，總能再更往前一些。像這樣盡可能周全去在乎生命以避免錯手的經驗，很是珍貴。人必然有其限制，要尋求的不是虛妄與無所不能，重要的是如何面對與回應此限制。

十幾年前，我還是初入這行的新手，應社工之邀帶領一場兩日工作坊。成員來自不同學校轉介的一群中輟學生，團體過程比預想中順利。並不是指那些半大不小的男孩很乖巧配合，對我悉心準備的活動感到興趣，而是在過程中，於我自己，每分秒都在累積對男孩們的認識，而他們也在揣度我是什麼樣的人、他們如何被我看待。即使好幾位一再趴在桌上喊著無聊想睡覺，但看得出來有些改變在男孩的眼神裡發生。

果真在最後一節的活動裡，有位男孩在團體裡公布宣稱，他將為自己做一件事——離開所屬幫派、不再涉及毒品藥物買賣。我極高興地給予莫大的正向回應。看著那樣桀驁不馴又吊兒郎當的男孩的宣示，覺得自己完成了一件了不起的任務，再次獲致一枚動章。團體圓滿結束。我因而睥睨著人們所說的難事，深深以自己為榮。

隔年，受邀重回同一個工作坊，參與的是另一群新男孩。團體開始前，社工問我是否還記得那男孩，還沒來得及回答，社工即接口說他已過世，死在亂拳棍棒。說是離開幫派得受拳的幫規。

世界並不總能如願溫和地回應人的願望，人的心願與世界是否應允之間，隔著足以喪命的間隙。作為一名被國家律法認可為專業的諮商心理師，我的無知、天真與自大之間，三者是如此緊密相連。然而，自始至終，我並沒有去追問，為何自己沒掉眼淚亦無惡夢，只記得那個巨大的間隙。此後，所有的細節對我來說，都因那空隙而如此巨大且清晰。

之後，只要有合適的場合機會，我會將那空隙從胸前口袋裡取出，公開一再地細說那段有關輕慢與無知的歷史。

關於受苦的工作技藝，總是不足，那遙遠、行遍全球各地的知名知識理論，並無法回答地方上的困頓、無以指出隱微而巨大的空隙，那是科學的尺度所無法丈量的地方。而今，那曾掉進一條生命的空隙，像被磨出銳利的角，一再使得我在這一路上，始終保持著不舒服的姿態，以去記得：要嗅出，裂縫何在？傲慢深藏在哪？能否意識到，我才是對象眼中那不識人間煙火的他者？

二〇二〇年六月六日，上午

所在：不在山頭上

備注：**平庸尾隨什麼而來？**

到達市政大樓會議室時，發現桌上的名牌不是我的名字，問了一旁家暴防治官，得知自己的場次是下午場，上午是另一位精神科醫師負責。原本即不是靈光精明的人，工作卡太緊時，經常立即反映到生活上的差錯頻頻，或許是來自對工作擠壓狀態的抗拒。一場場由工作所形構的薛西弗斯處境，除了耗盡氣力與意志，不知道蒙昧如我類，能由中獲得什麼樣的啟示？

離開市政大樓，驅車回到以前居住的地方。那菜市場裡有座總是香火鼎盛的宮廟。合十、問、取籤、允筊、讀籤。是人取回靜心與展開天問的儀式，也是告解的歷程。信仰，讓人對生命與世界保持著警醒畏懼，或能避開人要勝天與征服的妄想錯覺。

幾年前曾有位來談者問：「你們這行很競爭吧？你是怎麼坐上這個位置？」話裡描繪的，是將此有關苦難的工作視為一門產業。產業裡有位階、有高低、有成者與敗者之分，以及，有逐利、有山頭。「山頭」，是借用多年前一位同業的用語，我至今依舊對這用詞感到驚異不已。

有關他人苦難的涉入，初始起於宗教與志願性組織的無酬賞援助——以經濟弱勢為對象的社會性救濟；當二〇〇一年《心理師法》施行，現代化國家治理經由律法將助人工作形轉為產業，在利潤與營生的前提下，作為被產業化的苦難工作者，該如何觀看「助人」與「職業收入」之間的關係？其與計時收費、會談次數、位處政經邊緣的受苦對象，[1]彼此之間可能的幽微牽連會是如何？

這是一連串在苦難工作裡謀生的倫理議題，而「山頭」的隱喻，透露的是專業人之於苦難工作現場的寄居，或者寄生？在他人苦難的「事業」裡，工作者如何能謹慎辨認出，自身行動的起心動念，是企求安心謀生或是攻頂以得桂冠？那曾經的樸素正直、好心腸，如何不被榮耀、資本所誘引變容？登頂之路，如何能不成為道德墜落的崖邊？

若當工作者從助人者走成明星、幻化為品牌，那登頂的啟始欲望，會不會同時也開啟了平庸之路？此時的平庸，指的不再是來自漢娜・鄂蘭（Hannah Arendt）所述人只不過平凡地執行他的本分工作，而是被名之為專業人士的苦難工作者，在攻頂路上，對各式資本與階級的膜拜臣服。

當敏銳專注於商機、山頭，人還能否知覺自己正走向失去正直的倫理困境裡？站在苦難工作者那一側，面對他人苦難，我們即將是目睹？旁觀？或者，俯瞰？

注釋

1 這裡所稱政經邊緣的受苦對象，指的是相較於北美西歐使用心理治療服務——社經資本相對充裕——的付費「消費者」。

二〇二一年一月五日，上午

所在：市政大樓

事：給國中校長的一封信

備注：緊握權力時，人害怕著什麼？

親愛的校長：

在你離開會議室之後，我們其他人再接著逐一討論接下來的兩位個案，這場會議才終告結束。用完夥伴幫忙準備的便當，我熄了會議室的燈，就著窗簾篩過的弱光，獨自安靜等著二十分鐘後即將開始的另外一場會議。到時，這棟大樓另一處更大型的會議廳，將坐滿另一群來自各方的一線工作者，預備進行每月例行的高危機跨網絡會議。

而距離你用力推撞椅子靠桌、生氣走出會議室，已是將近三小時之後，應該是哭得太多，我的頭還痛著。擔心會影響下午的會議。不知道剛剛坐在旁邊也掉淚不止的陳律師，在回事務所的路上，是否同樣正頭痛欲裂？

上午你參加的這場，是民國一一〇年度第一次「兒少保護重大決策會議」。你一定能從編號裡輕易知道，此會議不是久久才召開一次的年度會議。兒少保護事件，愈來愈頻繁發生與複雜，這類會議，至少在這個行政區，每月得召開兩次，對於因受虐或嚴重疏忽而被安置的年幼孩子，進行重大決策的討論——包括是否停止親權、出養、結束安置返家或延長安置時間。會議參與夥伴都是與每一位案主直接接觸的各方案社工及督導、安置機構人員、心理師等相關網絡專業人員，另外，設置兩位外聘的後勤支援——律師和我，依案提出最終處遇建議。

會議上，這群因工作而連繫起來、對每一個孩子原本都是陌生的局外人，皆必須——至少在此特殊時期——成為這一個個年幼生命世界的局內人。這自然不是一件容易的事，既要有效能地在二、三十分鐘裡，完成匯整描述、形成分析、擬定處遇，又必須謹慎小心以避免落入SOP儀式化的齊頭處遇，試圖將對每一位孩子的情感與在乎，放在「專業」的最中間位置，再出發去找出路。

其中，不能跳過的起始點，是孩子的生命史。這個起點，能關鍵地幫忙大人將孩子目前的處境，放在脈絡裡理解，以避免之後因見樹不見林而發展出不夠好的介入。之後，才是走到現時情況——細細去檢視，從此時此刻開始，哪些地方或哪些人，可以分別齊力做到安頓孩子的身心？這通常都是不算短的一段歷程，能一起工作的合適人手也並不算多。因而，親愛的校長，雖然你並不是原本這類專業會議的預定參與人員，但當你決定坐進會議室那一刻，我們就預想你也是帶著這樣的心情而來。你，以及你所代表的學校，也將成為孩子生命世界裡的一分子、局內人。

畢竟，面對你的學生——這位自小不斷重複被父親、母親、新媽媽、中途學校，以及其他親族推出門外的孩子，當他在校試圖藉由尋短，以表達他對他人的連結渴望之後，除了原本的安置機構、眾社工與心理師，若能再有一處悅納他的中學校園，那會是何等重要可貴的處所。親愛的校長，我們和孩子，在此刻，都如此深切需要著你。

但，你與專輔老師兩人到場，卻在短短的十幾分鐘敘述裡，總計提到家長會長三次，而每一次，都可以輕易從語調用詞聽得出來，你承接了來自對方的囑咐與壓力。以致我不太確定，你的特地出席發言，是來自作為學生校長身分還是銜命家長會長的意念而來？我進一步想嘗試，在你的話語裡去分辨出，這兩者會不會有什麼不同？

我聽見你／家長會長說，學校有長遠的思慮，怕未來這位學生若回校，會對其他學生和學校聲譽，造成巨大的負面影響；以及，若他下回果真在校尋短離世，學校若因此要面對國賠，會是何等「恐怖」的事（一時找不到能更貼近你當時口氣的辭彙，在這裡不得不直接使用你當時的用語了）。

當你發現，即使已清楚表達「不接受孩子回原校」的要求，會議上的主持人、律師與我仍不放棄地分析，此刻轉學可能對孩子的影響，並再次具體建議未來學校可能的工作方向時，也許是因為過於害怕而激動之故，你幾乎以脫口而出的速度，接連表明孩子如果回原校，會被其他同學霸凌：「被激說不是要跳樓嗎？」並接而再說：「我沒辦法保證可以處理這樣的霸凌」；面對這樣一位被家驅逐而出的孩子，你說：「如果他可以不要回家，那他也可以不要回學校啊。」

由於你說這段話的表情與語氣，是如此輕快而理所當然，我一時像是目睹地球在瞬間脫離了軌道，看見了一時無法指稱出什麼的墜落。待回神，我才意識到我們已失去了你。

也許是因為那瞬間太震驚錯愕，以致悲傷太深不及回止的關係，我的眼淚大概就在那個時候掉下來的。你是否知道，在眾人之前，自己正張口吐出什麼樣的話語？

未來，不知你是否敢於記起這段回憶——你曾經如此鄭重布達般地宣告，一連說了兩次：「這個絕對不可能再回到〇〇國中」？你為何說「這個」，而不喚學生的名？你是否還記得當年決定走進校園的動人初衷？是什麼，讓你在之後選擇遠離了教育工作的神聖性？你如何理解自己、世界，以及自己與世界的關係？在宣示聖職與實踐之間，你如何看待當中的差距？親愛的校長，是什麼讓你成為了不一樣的人？

看著你今天穿上那套應該是精心挑選過、像是商業組織資本主的華麗套裝，我不禁想像你在學校的獨立辦公室。或許如同大多數中小學校長室的寬敞明亮辦公空間——懸掛綴飾以悠然山水字畫、排立著金閃閃獎盃獎牌？那是否是為了分別示意你的雅致與優異辦學能力？兩面全開窗戶的辦公室後側，也或許還另設一扇小門，通往你的私人衛浴，透亮潔白，截然不同於總是垢黃的學生與教職員那款？這些，都剛好能用以襯上你目前所擁有的權力和過往的努力——那辛辛苦苦過了一關又一關各式考試而掙來的成果。

一分耕耘一分收穫。這是好學生盡本分後所應得，也只有戰戰兢兢地，隨時和那些危險、不幸、不穩定保持距離，才能常保榮耀的腳本。

但，親愛的校長，世界存在的方式，比我們所想像的還要複雜許多。那些將看來意氣風發的你與那位不幸學生區分開來的，不是表象上的聰慧、吃苦、努力。人沒有自己所想像的那麼獨立偉大。

生命與生命之間，以各種充滿變化與無可預料的形式緊密纏繞，是這些交互連繫，促成了人的不同遭遇。所有形式的生命，彼此交相關聯。個人的聰慧努力善良堅強等等，仰賴著來自世界／他人的支援交會，才可能從土裡冒芽，不致走向乾枯夭折。

面對他人的受苦，人能選擇的，是否只能是為自己感到慶幸與優越？所有的孩子，需要有機會與外在世界溫柔相遇，才可能由內在熟成為美好的大人——如同你目前看來如此絢麗的此生，正是凝結自與其他生命的所有遭逢結果。而這一生，也許你與這位學生的相遇，就只有這麼一次。在這短暫時刻，你對他的瞬間意念與回應，卻將可能穿透他整整一輩子的生命世界。

而，你願意讓他如何記憶你與他的交會？又將如何讓其他被你慈祥稱之為「孩子」的一千多位學生，目睹與見證大人在面臨不幸年幼生命時，舉起的手勢是含納擁抱或揮趕排除？

《瘟疫》（*La Peste*）裡，李厄（Rieux）對蘭柏（Rambert）說：「對抗瘟疫的唯一方法就是正直。」卡繆借主人翁之口所說的正直，「就是盡我的本分」。但當看著你正挺身盡自己作為「成功人士」的本分時，我因而意識到，「正直」需要脫離它的歷史意涵重新定義，此刻，它指的，或許是人能意識所身陷的道德困境，並隨之起於良知與靈魂的一連串決定。

寮國有個喊魂的儀式。在新生兒出生後的第三天，透過召喚靈魂的儀式，讓嬰兒成為完整之人。而靈魂是否將自此牢牢牽繫著人的身體？原本完整的大人，在一路的無以意料的遭逢裡，靈魂會不會逐漸片片角角地消逝以致無以知曉警覺？人由於在某些時刻被尊敬、信任，再加上華麗的裝扮與職稱，人忘記了自己、遠離了正直與良知。

親愛的校長，當你挺身出言驅趕這位學生時，你正害怕著什麼？是恐懼於家長會長或是其他的誰，會摘掉你好不容易掙來的桂冠嗎？抑或憂慮於放下所有華服與桂冠、權力時，你將手足失措無以指稱裸身的自己是誰，以致不知如何開口吐露話語？

然而，除卻那層層的恐懼與憂慮，你是否依然或者曾經，對於自己之外的生命的遭遇，感到深深悲傷？如若失去這樣的感知與悲傷，難道不該更令人感到畏懼嗎？親愛的校長，究竟，是什麼讓你害怕著自己的害怕，卻對他人的受苦如此無畏？

接近下午五點鐘，經過二十八位危機案件的討論會議結束之後，我今天的工作終於暫告完成。走出市政大樓，開了七十幾公里的車、進家門、梳洗，打算一如往常：從浴室走出來之後，重新接上工作以外的生活。這種在工作和生活之間清楚劃上一條線的方法，是如今我還能在這樣算不上健康的世界與工作裡，待上二十餘年的方法之一。親愛的校長，你呢？你如何在複雜又充滿政治經濟角力的教育現場，成為學生與教師的校長？又能否意識到，人的可敬與可愛，正隨精神的腐朽而逐漸模糊消失？

已是入夜時刻，卻還惦記著你，我還留在那個會議上，於是決定寫封信給你。你呢？還想著那位孩子的遭遇為你以及家長會長所帶來的苦惱？而你與會長的痛苦，是來自你口中的「失常」學生，還是來自你自己？而你與會長是否能意識，人無法控制所有的遭逢，卻全然可以選擇如何回應他人的受苦？

時間總是持續進行著，所有問題的答案與過往事件的意義，都有重新開展的可能。有沒有可能，這樣一封信，能作為我與你之間的第二次交逢？未來，讓其他你必將再遇到的不幸孩子，以及你自己，能夠與你曾經的可敬可愛再次重逢？重新改寫那觸目可及有關冷漠、殘忍的腳本與結局？

而在這裡稱你而不是您，不是因為不願表示敬意，只是想像，能否讓你至少在這封信裡，有機會再記起以往——在還沒有那些字畫華服權力與畏懼時，你那曾經樸實清澈的靈魂。

最後，如果你願意暫時離開那看似賦擁權力卻滲藏憂慮心驚的工作現場，去看看索倫提諾（Paolo Sorrentino）的《絕美之城》（*La Grande Bellezza*）吧。你將會聽見那位主人翁在豪華私宅的狂歡派對上，對著耀眼、傲氣滿滿的友人說：

「我們同樣殘破不堪。你不該高高在上、鄙視我們，而是應該深情看待我們。」

也許，你也將能看出，在滿溢音樂華服酒食的生活裡，當他說著那句話時，是那般深深地悲傷。

二〇二二年五月二十三日，上午

所在：火車廂

事：前往工作路上

備注：袂過心

即使鐵路局因疫情減少了不少區間車次，我所搭乘這班往南列車，也許已過通勤時段，車廂裡仍只有稀稀落落幾個人。兩排對望舊式綠色長椅，乘客交錯坐著，透過對向玻璃窗，每人都能奢侈享有沿路的風貌綠意。

剛過上午十一點鐘，石榴站上來了一位年約六十歲婦人。拎著一個布手提袋，落坐在我正前方的位置。沒多久，婦人壓了手機通話鍵，就著話筒以臺語不急不徐低聲說：

「你要不要吃肉粽？」

「他就跟我說，現在臺中疫情很嚴重，叫我不用回去。」

「我跟他說，可是我要回去拜地基主啊。他就叫我不要那麼直，頭腦要會變巧。」

「對啦，我知影他是為我好。毋過，嘸拜我就袂過心（bē kuè-sim）。」

「好啦，我想看覓。按呢你肉粽要幾粒？」

「好啦。」

婦人掛上電話。幾分鐘後，他順了順放在一旁的手提袋，在列車的下個停靠站，起身下車。

那婦人說著袂過心，講的不是道德仁義或律法秩序，而是人在關係裡的分寸思考——某種不是做不做得到，而是要不要做的價值抉擇。是對「自身之外」的情分與在乎，其所牽連的倫理實踐，正足以用來喚起人們在高度焦慮於集體競逐世界裡，被如潮侵蝕的良知與正直。

二〇二二年五月六日，上午

所在：山裡

事：團督——治療性社區

備注：**人我之間，存在著什麼？**

開了將近兩小時路程之後，我才意識到今天這場新工作位在山徑的更深之處。

不論心境或身體，我不再輕快。為了能跳過因陌生而需要的暖場，近兩年逐漸只答應相熟夥伴的邀約。這條十五年前曾經因工作每週往返的山路，此時我腳踩油門力道已不及年少時的一半。也許已經夠老，願意剔除花邊，更接近自由。在意識上，我逐漸成為離韁野馬。

這座治療性社區，暫時安住的是正朝向戒除藥物依賴的成年人。與其為伴的那群社會工作者，總有爽朗笑聲與嗅不到悲情的有力氣質。來自邊緣也仍選擇站在邊緣，恰巧正足以讓工作人員在專業養成與道成專業之時，仍能保持夠用的野生質樸，發生在他們與對象之間的，因而相較於階級式的悲憫拯救施予，更像是協同思考與行動的同行人。

既是同行，沿路多的是挑戰工作者自身軟弱的時刻。他們在苦難工作裡開放與自嘲，並不花氣力防備自己與他人。我羨慕他們這樣集體蹲地、公開、接受四方來球。那需要人在意識上與行動上，掙開漫天有關成就／gâu／能人的資本市場隱喻，回到任務與生命自身。

而作為相對為社會文化與國家律法所認可信任的心理從業人員，在那潔亮閉密的會談室裡，我與我的同業們於那些私隱時刻裡，成為著某人的重要他人，介入的樣貌與意義，會是什麼樣的情景？

地圖能展示某方的地理路徑，但無法指出現場的地土風向與氣味；實驗科學與生命世界之間，存在著巨大鴻溝。自然科學依然難以回應苦難工作與其形貌的複雜瞬變，但卻已然在心理相關領域駐地成神聖地位。

心理專業技藝改宗為腦科學，「提升個案病識感」成為以一應萬的唯一終極目標。我們斷了諸多的可能去路。我們走進了他人的受苦現場，在會談室裡暗自循著看來安全卻無出口的路徑。那些正向話語，並不總來自理解後的深刻回應，而可能僅只是用以迴避不知所以的美好修辭；我們以「尊重案主自決」輕手遮掩「維護案主受益與免受傷害」的倫理職責；最終，自詡苦勞，或者將徒勞歸諸於對象的病理難解。迴避著對工作去向的焦慮與不安，我們在溫馨密室裡，不為人知地，踩進迴圈般的長期無效介入。

身處其中的工作者，能如何回應在會談室裡的不知如何是好？而這個不知所措如果是來自所知不足，得去哪裡、以何為徑去補填專業？密室裡所面見的生命苦厄，是否還有機會真實被置放回工作者的終極關懷？

我們口說著愛，但在人我之間，真實流動著的是什麼？以語言作道，我們也許擁有獲致他人信任的技藝，介入著自願或非自願對象的生命世界，然而，我們是否真已成為那值得被信任之人？

作為苦難工作者，不論在情感上或實務上，都需要能成為值得被信任之人，於或長或短的交會時刻，促成自身與他者之間的深刻連繫。技藝，雖關乎謀生，亦緊要涉及苦難工作者如何偕同陌生他人於時間過程裡，去經驗探究那跨及自身、他人以及其他非人所交錯伸延的廣漠世界。

我因而如此地渴望，那與受苦工作緊密相關的能人們，在那被暫時賦予的權力與信任的交會裡，對於自身、對象，以及與對象之間所發生的所有細節，能保持高度覺察自省，並有所倫理作為。

是此倫理上的企求——不是坐擁的技藝或高貴報酬——讓苦難工作者得以

和異化區別開來，不去辜負被暫給的權力、不去迷戀所身處的核心。唯有如此，我們方能對於自己保持足夠警戒，不以平庸去回應他人的受苦。

二〇二一年二月十八日，上午
所在：市政大樓停車場
事：會議之後
備注：**病理性的安穩結構**

由於今天討論案量不多，再加上這次的出席社工夥伴都抓準報告重點與節奏，上午這場兒少重大決策會議結束後，我與陳律師幸運多出了些時間足以一起從容吃午餐。

我們兩人下午有各自的工作行程，午餐結束後，臨上車道別之前，他輕輕帶過彷如自語：「上次那位校長的懲處案，教育局好像覺得我給他們帶來困擾。」倫理上的實踐行動，並不總能帶來好消息。陳律師的公義行動，是系統意料之外的變數。它搖晃了原有系統的平衡。而人害怕失衡。

系統的平衡得以長期維持，並不源於體系正健康地公平善待每個人，相反的，它通常隱含著有關壓迫少數的歷史；絕大多數系統裡的力量，集體傾向維持既有的平衡。而不當系統所生衍的問題與代價，以各類病理隱喻與個別化敘說作為橋接，粗魯或細膩地，滑入脆弱無語那一方的身體與心靈。

問題與代價因為有了埋藏的去向，系統得以維持既有平衡——病理性的。像是學校以未被識見的方式，剔除了中輟、自傷學生，維持著校園的績優效能；像是市場經濟邏輯棄置著人的受苦，將之命名為失序異常，以泥封、汙名在高度工業化的資本化世界裡，人對於意志、自由與意義的嚮往。

而改變與未知帶來不安，當人已然融入與肯認了系統，不論身處邊緣底層或核心，熟悉的位置帶來對生命處境的漠然；改變意味再度進入不可預期、必須再次動身與奮力調整，比之以長期以來可預期、習以為常的忍耐受苦，更令人抗拒。

人原本被系統覆蓋，之後，加入了系統的維護，接手覆蓋掉自己。溶進同一池汙朽之中，安靜無聲地，成為故事裡最為哀傷與令人寒意頓生的一個段落。習以為常，是集體平庸化的核心支點。當中有的是依法行事，出缺的是正直與良知——那能夠為自身之外、各種或大或小的生命苦境而動身的正直與良知。

而正直與良知並不只是道德上的呼喚，它關乎一連串對自身與世界的拷問與行動；平庸的對立面，不是才幹聰慧或頂尖技藝，而是在看似唯有競逐的資本競技場上，能看見遊戲規則的荒謬病態，以及思索並起身搖晃原有的穩固卻病理的系統，重新想像其他可能途徑。

二〇〇九年十月十六日，傍晚

所在：大學校門口

事：候車

備注：站在「那個」世界之外

離開位於半山腰的人社院研究室，徒步走出校門準備搭車回家。此時巴士站候車和來往行人不多，大概再半個多小時之後，站牌和一旁六線道車道便會滿溢下班人車。

公車即將到站，我直望向東向車道。視線所及除了售票亭，還有一只高度及腰、由空汽油桶所權充的垃圾桶。幾分鐘之後，我之所以會分神注意到那位看來不到三十歲的男性，是因為他停下腳步的位置，離那只垃圾桶實在異於常理地貼近。他的穿著尋常無絲毫特殊，但當他站定後開始的一連串動作，拉住了我的目光。

男人將原本拿在手上那把黑色直立傘夾在左臂腋下之後，空出的雙手便不疾不徐探進那只垃圾桶翻動著。不到幾分鐘時間，他取出一包滲了點油漬且有些皺了的紙袋，從袋子底部推出了被啃食過的雞排骨架。站在原地，就口，他慢條斯理吃掉了骨片上仍殘留的好幾處焦色皮肉。半分多鐘之後，將骨頭落回紙袋丟回桶裡，雙手再次在桶中找著。不一會，他拿起一透明塑料杯，裡頭是仍插著吸管、留有將近半杯的奶茶色液體。他雙手扶握杯身，啜吸了好一會，將空杯重新放回桶中。這一回，撈起的是一張皺摺看來還不算多的衛生紙。

那位身形精瘦男性，輕輕地將衛生紙攤開回方形，接著，將它對摺、再次對摺，用那小小仍顯潔白之處，按擦了一下嘴巴、抹拭兩手，丟回桶裡。在右手取回夾在腋下那把傘之後，緩步離開。男人往西向走去，我因而沒看到他的正面。

在這座島上，絕大多數的豐盛或者匱乏，是以可見物質來計算。而此刻會是一場設計好的表演嗎？我似乎親臨了一場那般全心全意的豐盛午後時光。

在此世代，對比於受困於經濟市場所催製高耗能的「理想」人生、以形色物質回充失色生活的人們，在那街道上，被命名為無家者，以最低底欲望與生存條件的遊民，究竟何者更需要被憐恤？

在地球生態系裡，相較於《精神疾病診斷與統計手冊》以「症狀」所命名界定的人的失常，人著魔投入於圈養買賣山海的意念與行動，是否更名符為妄想？若以整體多物種生命世界進行度量，對照以勞工因精神疾病而「失格／失值」於勞動產值，資本主橫踩過地土山海、地理疆界建置私屬王國，對自身之外漠大生命生存空間的巨大剝奪，是否更屬功能缺損、危及他人？

科技無以回應這個時代的荒謬或者殘忍，人們需要仰賴良知。它並不屬於個人良美聲望的道德範疇，而是人與其他生命之間的倫理實踐。以良知作為義務，人才能抵抗因迷戀經濟資本數值所伴隨而來的無情貪婪與冷酷；在悲劇未臨之前或降臨之際，能感受到作為有血肉之人、越過被市場壓製出的齊一平庸與貧乏的菁英設定。

是對眾生命的思索與深情，使人面貌清晰——在勞動市場縫隙裡，由自身給出了誕生。

人們所面臨的，或許不是身陷那由政經與強勢社會文化所集體建構有關成功／美好的前提與困局，而是如何能敢於趨近「在那之外」——某種全然不同於此刻——的陌生世界。

在某些時刻，人需要在意識或物理形式上，與每日行走之地保持距離。借助鳥的眼睛，去看清楚來路去向、流域地貌；去關注到存在卻不被注視的異質／未知之物，重新理解問題與解決問題的途徑。因生命與時間總是「正」在裡頭穿梭塑型，是動態的、於歷程之中的，因而人眼睛所觸及的地景與已逝的過去，都不能稱之為定案、結局。

即使若干年後，我可能還忘不了這日巴士站旁的從容直挺身影——由那男人所望出去的生命世界，不知道會是什麼模樣？在此流淌與滿溢炫爛物質的資本空間與人類末世極端氣候裡，那個人，那般柔韌位處邊緣的寄居形貌，看來如此不合時宜，卻又如此滿藏寓意，以及，直指他方。

第三現場

生命的多重歷程與開放結局

人與其苦難，可以發展出什麼樣的關係？

景一——

我們都害怕混亂，喜歡安穩清晰；
然而，混亂裡有誠實的聲音，
我珍視它，如同珍惜安定的時刻。

如果你在那樣的時刻遇見我，沒問題，
你可以用瘋癲來形容我，那是貼切的語彙；
但請不要，誤以為在那瘋癲底下，什麼都沒有。

景二——

後來回想起來，有哪一次自己不是從那細瑣磨難裡又活了下來。一想到這裡，
便不再害怕自己的害怕。

起點現場描述——

我在大學校園諮商中心遇到那位男性老學生時，是他的臨床診斷還被稱為精神分裂的時代。[1]因為看見一顆巨大隕石即將墜落在前方一位同學身上，他大喊、奔上前用力推開隕石下的人，同學跌倒成傷。這類事情偶爾出現在他的生活裡，他與旁人都苦惱害怕。於是他應允了之後與我的一年多談話。

他之所以成了老學生，源於上大學之後反覆入住身心病房。他聽話地吃著藥。但總還是會聽見他人恥笑與指責的聲音。他告訴旁人他在地球上的重要任務，說著即便比不上兄姊在親族眼裡的耀眼職稱，但他亦位處特殊的能人位置。但他也總使用著幻聽幻覺、妄想、發作等等醫療用語描述自己。

在絕大多數沒有那些特異症狀的時候，他顯得知書達禮與十足聰穎。我們談著他如何開始進出醫院、此時生活，以及他對未來的想像與渴望。

在一次我不記得談到了什麼，於會談中段，他的神情倏忽出現我所未曾見過的驚恐、面色轉為蒼白與不斷出汗。顫抖描述他眼前兩面牆正如何逐漸逼近我們，他與我有生命危險，他想著該做些什麼好維護我們兩人的安全。由著我先前對他與其困頓的理解，我把手放在他手背上、一字一句地說了段話，在他點頭回應我：「老師，我信任你。」之後，慶幸他很快即恢復氣色和緩下來。

那是唯一一次我目睹他如何身陷於不安與失措。之後半年多的會談裡，我們開始彼此交換對不適情緒的感受和看法、「症狀」所可能意味的是什麼？以及，那些複數的症狀群，因何而生？接連著什麼樣的堅定信念？他與親族們或整個跨世代對於生命價值的集體想像，如何滲入成為深處的害怕恐懼？直到兩年後我離開那份校園工作之前，再也沒遇上或聽聞他的「救人」事蹟。

是否，在全稱的藥物治理模式外，仍能有這樣的合理疑惑——苦厄所講述的，不只是來自腦神經的訊息？在當代政治緊密交纏經濟理性的「高效益」治理之下，人還能否辨認出那被診斷手冊所界定的「精神疾病」及藥物，已／正如何參與著生命、影響整體社會生活？不論起自生理、心理或社會的受苦，人能否決定如何與它互動——越過由勞動市場所界定人與非人價值的評價與想像，發展出如海納百川的多元世界？藉由那已浮現的、複數的、不得不的受苦，返身思索人們所寓居的世界，去允許開啟多重歷程與開放的結局？

注釋

1 二〇一四年，Schizophrenia由原本「精神分裂」此臺灣中文譯名，更名為「思覺失調症」，較之前者所易引起大眾誤解恐懼與汙名後果，後者則反映其病理係源自思考與知覺功能的失調。

二〇二一年六月三十日，上午

所在：安置機構會談室

事：談話

備注：人的古老提問

由於前一個會談後延了五分鐘，打開門時，小新已經在門口等著。還在新冠病毒疫情三級警戒期，我們都戴著口罩。在這次碰面前，我已幫忙他所在職的安置機構團督好幾年，小新對我並不陌生；此外，以往明快的團督節奏，也消解了初次會談的陌生情境，我們很快就進入主題。不過，沒有不安的測試，或許主要也是源於他在之後所說，自己是個容易相信別人的人。而我們都還不知道，像小新這樣對他人的高度信任，在自身以及其他人們的生命世界裡，正扮演著什麼樣的角色。

受苦的源頭，是在年少時期，開始於各種不同關係的思索。隨著時間推進，身形樣貌的轉變、更複雜社會生活與地理空間的觸及，人與家人、朋友、生命、世界之間的關係，俱時逐漸變得令人感到陌生困惑、躊躇不解；人渴望知道，該／能如何在各種關係裡安放自己的位置。關係裡既有渴望，就有各種千轉百迴的情緒。小新，如同絕大多數青澀生命，由懵懂卻清新的意識所接引踏上的，是一長串探問之路。

問題如同浪潮，暫息又生，隨著眾多答案的模糊難辨，諸多疑問通常匯聚止為終極一問：人為何活著／生命的意義是什麼？幾世紀以來，一個高度工業發展社會所無法迴避的古老問題，卻在其「現代化」社會生活的集體想像裡——既無意又策略性地——被指稱為「無所用／無產值」的疑惑，於絕大多數的家庭、校園、勞動現場等各層社會關係，系統性地被迴避與輕看。

只不過，終極提問並不因人們撇過頭去而自然消逝。河滯困成了池——既無所入也無所出。時間將生命發酵成窒人氣味，以致自身與旁人都無以趨近、無法清晰辨識。那已然無法被指出的龐大遲滯、飄浮、莫名，只需一丁點的風吹草動，即足以在頃刻之間，將人推撥進世界的邊緣。而著迷於高經濟產能信仰的現代社會生活並不打算回應、也回答不了它所吹生的匱乏與集體苦難，更返身落捶宣告，痛苦源自個人的無能與失序。

從學生諮商中心會轉精神醫療院所而獲診為重鬱，由問診到住院、由區域醫院到診所、從八顆到十二顆的藥劑、長期服藥卻陷無效之感、再而吞藥尋生／死、再而入院出院，對於像小新幾年前那樣一個大孩子，在大學階段，因著那樣一個古老提問與對生／死的意念，旋即被劃撥為病者與有所陷缺之人。此路徑轉折與循環，純然是「疾病」導致的後果？有無可能，或許是人們去錯了地方？整體社會共同遺漏了重要的什麼？

小新對人的信任，自然不止於我，同樣亦及於醫療、藥物——他穩定服藥、高度的病識感，副作用所帶來的無意識行為與記憶消失，不只旁人，小新亦悉數認為是自己病症加重的緣故。就醫紀錄上的疾病分類名稱，簡短注記為「復發」；既是界定為慢性病，所有生活世界裡或新或舊的悲傷與困惑，皆輕易地被自己或他人全盤視為「發作」的癥兆。

精神醫療體系高度仰賴「患者」對「病」的有所察知。然而，診斷與病識感既鋪上地席用以暫止墜落，亦織就一張天網，原來的生之探問，為其所覆蓋不見天光，扁平化為疾病與症狀，於此，人成為了病人——社會性與政治性地。

憂愁並不空穴來風；病症與受苦亦有跡可循，但那一長串的軌跡，過早被掩沒於異化的社會生活，末端的救濟與救治，名為挽救／遏止，卻讓受苦走入症狀，周而復始地。眼前這年輕的生命，碰上的是什麼樣的一段段際遇？是源於一連串失措入錯的交會或機運嗎——當中是否包括了由眾專業系統所共構的接住之網？

隱喻，是命名的過程與結果，採取著某種價值與特定知識，定義著生命、事件。那已被普遍傳訴的「接住」隱喻，是立於什麼樣的位置區分出「那些」受苦者？受苦／困境，係源自那古老探問，抑或專業與普羅的共用局促視角？

我，此刻在那網裡的局內人，能／該如何回應小新的信任？以及，當如何置身於他所被纏繞的一切——關於生之探問、一再浮現的尋短意念、由工作所構築的日夜模糊、折騰的睡眠、高劑量藥物與其夾帶的意識遲重及眾多其他未明？它們彼此穿勾成結以致分不清各自面貌軌跡，我能否，僅是以耐心陪伴或溫暖話語跟隨著他的痛楚？若是，那是源於我對生命狀態隨不同時空間複雜瞬變的足夠掌握，所進而形成的行動策略？或僅只是援用來自西方理論，所進行的去脈絡式簡便套用？

抑或者，溫暖陪伴，不過是來自我的無法作為——某種努力，卻不知何以回應的專業困境？那名之以人本陪伴或夾雜以片斷採借古典心理治療的「動力」取向，有無可能，其實是源於專業與知識技藝上的不足、對當代集體苦難結構的未察或冷漠，所防衛採取的處之泰然——某種以專業傲慢扮相、華麗辭藻所掩藏的平庸？

至此，當最基本的途徑與起點——同理陪伴與對個人早期經驗的探究，已然幻化為唯一終點與天花板時，對於沿著社會安全網被轉介而來的「案主」，作為一名律法所認可並以此營生為業的心理從業人員，將涉及什麼樣的倫理議題？當專業將自身角色大眾化為「陪伴」時，那溫情論述，將迴避了哪些倫理責任與自我批判？我（們）的平庸，正對誰起造著什麼樣的惡果？

陪伴和傾聽是必然的態度，但不應扁平為輕率的反射性結果或隨開即用的罐頭技巧，工作者必須思忖，陪伴傾聽是回應困境的必然，抑或是工作者的責任迴避？它是共面苦澀的必須，還是工作者不知所措卻不敢承認的藏身處？

在某些時刻裡，人們所需要的，遠遠超過聆聽所能提供，而有多少時刻，我們——被稱之為專業之人——用無盡的傾聽來掩蓋漫長無止的不知所以？

小新深長的困惑，需要得到一連串專注與詳盡的誠摯回應。對照於他在工作上的投入與能動，以及會談歷程中，所呈現理解與回應上的專注敏銳，我實在很難將他目前精神上的遲滯或尋短念頭，粗野簡要地歸因於鬱症，那似乎不是問題的初始源頭，亦不應是唯一與關鍵的回應方式；反倒，需警醒意識——專業體系所應對於「憂鬱」的方式，可能已生衍新且複雜的問題叢。

此刻，談「接住」，太自以為是也太過於急躁失當。我需要追上並攀穩小新的第一句發問：「人為什麼要活著」；同時，也需要對那一大把、每日倒在小新掌心上並不尋常的高劑量物質保持警覺。它不只形成物理上的影響，其所帶來的身體感、日復一日施加於人有關控制與失控的明指和暗示，都大舉晃動著用藥人的日常生活形貌。

病識感不該是對應於「心理疾患」的全稱目標，這是無法別過頭去的倫理問題——不是單單出自於對某位個人存在方式的理當在乎，而是對當代所有生命遭逢困境時的最基本反省起點。特別是，人們不應該天真假設，那環繞著病識感與疾病／生命苦境的藥物、診斷系統和劑量，是全然獨立於藥廠龐大利益計畫之外的純淨科學，因而，無法遺漏的相關發問是：人如何活著——生命以什麼樣的形態，寓居於什麼樣的生活世界裡？

結束前，我問小新最後一個問題，是否願意另尋一位我所熟知與信任的醫學中心精神科醫師門診，先確認能否進行藥量調整？讓已然朝向失控的簡要介入局面，有機會回緩為足夠複雜的抽絲剝繭，讓混亂卻意義線索豐沛的現場重新浮現。

二〇二〇年十一月二十二日，上午

所在：家外

事：談話

備注：**生命的所在之處**

離開靜謐會談室，在一百多公里車程後，我到達信雄住屋的所在社區。這是第三次碰面，我特意提早一個小時到達他的居住區域，嘗試追索，在非都會地區的子弒親死亡事件，唯一家內倖存者如何生活於鄉村鄰里。

苦難的生成與消解的可能途徑，與所在生活地景空間緊密相關。居住型態、親屬關係、親族成員的各自樣貌，與地方上的人口結構、教育狀況、產業特性、風土、政治風貌、生活型態等，交織成不同於他方的生活情境與每日可見地景，共同牽動住民如何形構人我、詮釋日常事件，及其回應行動。

人的心理與身體都具有社會性。神經醫療所界定關於人的妄想與幻覺，亦並不自外於生命所身處的政治社會生活，它同樣生衍自這張地方上的網。唯有將受苦／「症狀」，置放在此脈絡之下，意義方得以浮現，人得以盡可能避免看似科學精密實則粗糙的理解與介入，並真正採取行動。

信雄家距離最近小規模市集與政經行政中心將近十公里，如同島上其他——核心之外即被稱之為「偏鄉」——所在，由市鎮中心一路延伸而來的鄉道上，未見公車站牌。入秋，西部天空已是一片灰濛塵霾。行經車輛稀少亦因缺乏遮蔽不適於行人徒步行走，由密實瀝青混凝土鋪設的寬敞四線道路顯得益加冷清靜止，是過道，驅趕著來人禁止停留。

我從柏油車道拐進隱藏於幾處小規模果園與荒廢空地農地之間的蜿蜒小路、繞行。在一處顯而易見相對新式的建築群旁，有一大片已停放好幾排家用車的空地。依地圖顯示，此處離信雄家只有數百公尺，我停進一處空位，預備了三十分鐘左右的徒步時間。

相較於剛才村莊小路上的舊日平房，這裡是一九九〇年代建造的低樓層獨棟建築群，門前分別各自有序地停放著機車、打掃工具、金爐、其他生活用品。成排的兩兩相望住宅大門，錯落著幾戶將一樓修改為極小規模的商店與自家停車場。對望的大門之間，隔著約四公尺寬通道，構成住民可走可停的中介地帶。

既開放又封閉的私人與公共空間，建構著極富意義的社會單位。此刻我已進到了現場，擾動是必然，必須思考可能將引動的波紋會是朝向何方。於微妙、隱而未現的觀看眼神之間，謹慎小心以不致讓自己的探問觀看，在不經意間起造巷弄裡更多的旁觀窺伺與不善耳語。

在約定的時間裡，信雄開門出屋，他沒有請我入屋，我們站在他家門外那四公尺寬的通道邊上談話。一個原本私密的個別談話，在十幾分鐘後，隨著鄰人的三兩加入，轉化為公開的集體會談，顯露著濃密疊架的人情義理如何積極流轉參與著個人的悲傷事件。結束後，他送我回外圍停車處的路上，我說：「這裡人車都不多，不吵，很清幽吧？」信雄嚴肅口氣搖頭即回：「人太多了。」

歷經長年勞動終於掙來的房，慎重其事在挑選過的時辰搬遷入屋時，信雄一家人是如何想像著那棟房宅、比鄰街坊與清幽環境將帶來什麼樣的美好生活？

開放的門房、熟稔的街坊，如同其他社會關係，既提供關切照應，亦建置著日常生活的羈絆，緊密牽繫著社會文化價值對各個生命樣態的優劣論斷。初始，來自家屬親族與地方社會對男孩的期望，以及接而重重獻上物質與精神上的安撫餵養，早早即共同疊架出年幼生命對自我的高度關注或沉溺，以及對美好／完美未來的預想，卻也同時，構築與預告了男孩／男人之後的陷落。困境，少部分是重大意外的來襲，大多數的痛苦是來自靜如水面的生命活動。早期經驗，指出的並不止於某位個人的特殊家庭記憶或有所「缺陷」的家庭結構，而是社會文化氣息——循著一次次公開語言與傳送暗示的肢體神情——於集體生命內裡的不斷迴盪。

地方社會與整體經濟政治情境，並不鼓勵成人之路所亟需的思辨與叛道。信雄的孩子，如同其他所有人一樣，隨著年齡日長，由童稚無邪走進更為複雜的政治社會空間與關係。校園裡，逐項預備著的清晰標的，於親族鄰里之間、同儕友伴之間，指名著誰的優劣與上下。小學與中學滿溢的不是對知識與眾生命的好奇熱情，而是由競爭與分類排除所疊架而出的憂懼。人在還未及意識生命的紛繁與廣漠，即因著對於追及不上、被孤立而出的恐懼，舉步成艱。那原本的啟蒙殿堂，成了無一處不是虛無與莫名的泥濘幽谷。

藉由一路以來的好奇、困惑與遭逢，人有著無數次的機會，被推著去一再重新思考與想像自己和世界的關係，如同小新的一連串提問。那原本是一段段因自主而漸次啟蒙與各自開枝散葉——相對於複製平板同質——的成「人」之路。

然而模板化的「菁英／有能」、「乖／不忤逆」，座標上的兩端，被分別規訓為絕大多數年幼與年輕生命理所當然的至高道德或目標，箝制著順服與樣板以外的路徑。

乖順或者有能，也許帶來安靜守序或短暫的全控感，卻不必然知所回應那一連串迴避不了的難題——各種無止境因比較而生的不安、挫敗與茫然空洞，人遂而一路積藏了對自我的懷疑，以及，對他人、整體生活世界的憂懼怨怒。

這段由幼時的自我沉溺到青澀成長過程的自我懷疑，引造著對於不可控、不能理解的更多慌張與恐懼，並在之後，隨生命轉折階段與愈趨複雜的社會動力，更加頻密到來。半大不小的青春時期、離開校園進入勞動市場之際、成家育子不再年少之後，隨處是誇富般的各式他人榮耀景象，時時皆是對照而來的隻身挫敗。在還來不及意會時，原本不解、不安的世界，朝向崩解。

信雄那位三十歲被診斷為思覺失調的兒，在看守所裡，指著弒親過程被咬傷只留暗影的兩公分疤痕，問：「這個怎麼辦？」我：「它會好，你要給它時間。」他接口問——以小男孩的神情和語調：「可是我受傷了，不是會世界末日嗎？」母親命喪手下，眼前這位身壯的男人，憐惜憂慮的是自己手腕上即將消褪的疤，此映照出的不是這位男人的特異，而是此世代被建構的普遍視界——自身即世界，那些無法一一全控的他人，終將成為地獄的源頭。

被界定為脫離現實的妄念與幻覺，正吐露著真實的現實。

人由鏡中觀看自己，那所見似實的身影，卻是外部世界的縮影，既映照自身亦折射著現實世界；妄想或幻覺，即便對應著腦神經的變化，其所核心揭露指出的，卻是生命被人造世界推開之處，以及，接而一連串失措的張皇回應。

妄想細節有其來源與意義，即使隨著時間，有著不同形態的轉換，但所隱含的意義通常一致並非斷裂無法理解。只是理解過程像迷濛森林，需能辨識出哪些是煙霧，哪些深藏意義，什麼需要被輕輕略過，什麼是需要被撥開的落葉與追索的荒道。

轉變中青春的身形被恥笑、同學的交頭接耳、隔著那四公尺車道的對街車門聲、街上的喇叭聲、餐廳鄰桌的眼神、從旁走過的行人、穿過牆壁的鄰人笑聲咳嗽、巷口的監視器、餐桌上的食物、各網路平臺裡的歡樂榮美影像……，處處盡是沿著視覺與聽覺密集而生的扎實威脅、干擾與評議，刻刻動搖著這男人自小即被眾人擺放進去的安穩小王國。生命還如此年輕炙盛，不過隨著日月安分走著，頃刻間卻已滿溢無力回天之感、進退無據，原本以厚實疼愛所建造的無虞國度，還來不及被回神意會，即隨著時光年歲泥封為無人能往返的密室。

愈不安，人愈發妄念索求著美好能夠恆常，而當前方已然漫布令人疑懼的莫名，人退步返身，捶打重擊著那仍留守於密室縫隙口的家人，抑或那可能意圖動搖王國的所有識或不識的他人。災難並不來自莫名，它總遺留著有聲無聲、明暗不一的線索。

當眼前這位閃著男孩似眼神的男人，說著受傷與世界末日，其所浮露的不是人的憤世或殘酷，而是高度警戒、惶恐守備的國王／孤兵。對照以此刻的信雄之子、小新與其他我所目睹的無盡苦難，一九九〇年代末在基隆所會見碼頭工人被拋甩、驅逐與失聲的生命世界，我當時所理解與譬喻中年（男）人的一層層墜落，如今看來，實則被政經社會所抱擁「菁英有能或乖順安分」二分的信念價值，無聲滑撥至邊緣密室。觸目皆是，卻彷若透明不可得見。

精神「疾患」，展現的是一個年代，具現著一個地方社會的人觀（personhood）與政治經濟市場的纏結後果，而全然病理化抑或浪漫化、美學觀點，也許充滿善意，卻同時也肯認了它所給定的邏輯與明喻，再次地，將受苦界定為瘋狂與失序。

在妄想的高度害怕警覺或憤怒裡，藏有集體信念所共構有關「有能或者乖順」[1]的大歷史，思覺失調或其他被命名的心神狀態，呈顯的是崩解的後果，不應被指稱為受苦的因。若人們總一再輕輕略過眾人所共同集體維持的病態平衡，僅以同情／同理／溫情安撫著受苦，正恰巧成了汙名「那些」受苦個體的主要源頭之一，將不良社會政經的後果與代價，滑落詮釋為個體的脆弱與適應不良。循此為道，人們的實踐與能動，將只能滯留於「體諒／支持」個人；再次地，整體的病態平衡得以持續穩固。

由遠處觀看，有關「精神疾患」的神經科學發展，讓人們距離事實更進一步，但強勢而單一的神經化觀點，卻讓人們誤以為因此掌握了生命世界的全貌，將焦點從社會情境政治結構移開，輕易跳過「為何在此時於此（眾）人發生此疾病／受苦？」的追問，揚棄了人們——在集體社會生活裡——探究與採取行動的責任與權利。

列點式的「症狀」指標，掩蓋著苦難的歷程軌跡——生命如何被平板化與異化推撥到邊緣、如何被主流建構著如死之生。那是生命的所在之處，是對不當體系的吶喊。問題與其構成，需要被指認出來。對於真實情況的不夠瞭解或有意錯認，強化著原有的歸因謬誤，失去了反省的機會與循線找路。而我們是否已走到將「精神疾患是腦部疾病」視為常識的時刻？當「精神疾病」已成為街頭巷尾朗朗上口、對著苦難朝向齊同的病理歸因時，我們是否已預備好面對集體倒果為因的代價與後果？

訊息無所不在。每一件事都有意義。而人們以為，在那唯恐避之而不及的瘋癲時刻底下，什麼都沒有。到底，問題是什麼？什麼是問題？

當苦痛被指定為個人、特殊、病態，即預示著普遍的斷裂式理解與不良社會結構文化情境的被漠視，此類歸因與視界，返身堅固著病理的系統，終將持續生衍著災厄受苦、蘊生愈加常態化的集體落難。

關於集體苦難的知識，多數不論身陷於中的自身或旁人，所觸及的怕仍只是模糊輪廓。當苦痛向世界展開自身，人能回應的，除卻排除、正常化／矯治等此類政治性與社會性選擇，還必須另有的選擇之一，是它在森林地土上所遺落的足跡還沒消失之前，追上前去。

只有凝視還不夠，必須動身，看它將／能帶人走到多遠的地方。

注釋

1 在此必須加注的是，就我所會遇對象的妄想內涵，性別始終是關鍵變項。在此所析分出的「有能或乖順」，基於田野所見，在性別上，指向的是男性。

二〇二一年十月二十九日，上午

所在：身心科病房

事：談話

備注：**那被稱之為發作的受苦**

因作勢跳樓，那位校長和家長會長不允許他回原校的中學生，兩個月前，再因於安置機構的自傷而送醫。少年即將期滿出院離開身心病房，但由於各網絡單位表達已無能力再繼續協助，今天進病房與他初次會談，除了彼此認識，主要為了即將的開庭、出院、去處做預備。這是心軟臨時緊急接手的工作，但實在無法在工作之間再擠進新的會談，最終，像是對什麼投降般的心情，我交出這二十幾天以來的唯一休假日。

因為遲遲找不到空檔，仍未打第二劑疫苗，早上便提早到院做新冠病毒快篩。即使上個月為了進安置機構進行團督已有經驗，這次採檢棒入鼻那一秒鐘，我還是軟弱地倒抽了一口氣。

此次碰面之前，透過三次兒少重大決策會議的網絡報告，我對這位少年有著由資料所描繪出的想像樣貌——那樣年幼即遭遇來自照顧者無意與無良缺席所引造的連番災厄，憤恨敵視應深深印記在身體的某些地方。

當病房大門打開，少年的臉部與肩膀軀幹線條看來卻是柔軟平靜，那眼神裡還有其他——某種略年幼於實際年紀的童稚，我曾在許多看來血氣方剛的少年眼睛裡看到的原始氣息。這裡的原始，指的是因相對樸素天真而不足以支應複雜世界的單薄視界；以及，來去恣意而快速的狂放情緒。這兩者卻已足以讓少年在多數的關係裡，既不留恨也不講情感，每一次的衝突都像是新的爭戰，所有的關係，大概就是在這樣的過程裡，一層層剝落。此刻看來的良善安靜，是真實，卻也短暫，仰賴著少年所落地的每一處環境，是否都能悅納此形貌的生命氣質。

少年現今只留存了法律能供給的最低度支援，以及，那急欲躋身進入舊有社會文化對「有能」男性的模板意象。可預見的受挫與受苦，已然預備好在每個時刻突襲這位極度想「成才」的少年——世界還遠遠不夠勇於實踐道德勇氣，那彼時將他擋在中學校門之外的類似排除事件，依舊將隨時可見。

各個網絡工作者的任務，是盡可能在極度窘迫的社會實境裡去撐出餘裕，讓少年願意允許憑藉著時間，去生成可能的行動與去處。這是一場競賽關係，但看排除棄守與可能去路，何者跑在前頭。

除了前幾句關心他的在院情況，沒有防備與冗長的關係建立，我們即談及出院後的可能去處。對於他可能需進少年觀護所一段時間，少年以平心靜氣口吻說，如果出院後進少觀所，他會再出現暴力事件。我問：「為什麼你會這樣想？」

「這裡一位姐姐（注：同住院）用塔羅牌幫我算的。他說我如果進少觀所，會再發生暴力事件。」「你這麼信任塔羅牌？」「因為我會發作啊。」「發作？什麼意思？」「我被診斷是重鬱症，還有暴力行為疾患、情緒障礙。我進少觀所，我怕我會再發作。」

情緒既誠實亦扭曲，少年的怒氣，透過過往重大事件群望去，似乎與悲傷有關，然而，當情緒積累地太深太久，經常會幻形為其他樣貌，時而形成迷障，致使情況更加混沌不明，旁人與當事人因而同陷迷霧，落入揮之不去卻無名、不可控的痛苦裡。

人們害怕混亂失序。然而，混亂裡藏有誠實的線索。瘋癲來自深穴，本質卻是光束，能探照其縫隙來處。憤怒、悲傷或者害怕所折射的，也許是同樣一件事。看來一再重現的憤怒，卻可能深藏的其實是害怕、悲傷或失望；反之亦然。「症狀／發作」所需要的，並不總是趕緊刪去以由失序恢復到有序；相反的，它是生命的逸出求生之處——指出那些被普遍略去的珍貴覺知，是檢視生活世界重要且關鍵的線索與證言。

少年此次入院的診斷報告，敘明著情緒對他的干擾，以及，低於同齡常態分布的認知能力。有關「情緒控制或管理」的敘事，早已強勢散溢為常識與定律，克難地委由藥物控管著「發作／失序」感受；而後者——少年相對有限的抽象思考與問題解決能力，卻是需動用整體政經結構與社會律法才得以不成個人的困境課題，而這看似龐大到碰觸不了，是政經核心所無暇顧及的邊陲問題。

人們於是選擇低頭不去直視少年的無能為力、每日勢必遭遇的大小困頓，以及巨大限制著少年遭難時的可去之所，只留存「是少年的悲傷或怒氣，促動著他與有序世界對立反抗」此類敘說。那始自十九世紀末即談論著有關疾病的「生物—心理—社會」（bio-psycho-social），仍持續只是觀點，無關實踐。少年、其所站立的那裡，依舊荒蕪空白。然而，空在那兒，什麼都可能進駐、都能為之擦脂抹粉。

那被名之為干擾與失序的「疾病」，既塗補上了他人對少年理解上的空白，同時，亦促成少年對自身「會發作、復發」並成為「亂源」的標示與定論。人在社會生活裡詮釋著自己與世界。少年的單純與素樸，原封不動吸進了那樣的告知，界定與帶引著自己的情緒和行動方向。自傷或傷人，果真是個人的生理性「病兆」?或更趨近是為他人與自身所共同預期與證成的社會性預言?

我想起當時仍是大男孩的小新，也曾順服地以「重鬱／病症」界定那一長串重要的古老提問。語彙反映世界，也遮蔽世界。人們高度仰賴的病識感，也許能為表象問題編造類別，但並不因此意味將接而能扳動生活世界，人迫切需要其他更為關鍵的意識與意志。

那每一回合因困頓而生的情緒，如同小新的生之探問，需要的不是按壓，而是翔實回應——人如何與自身以及總在轉變中的世界，重新連繫。

因而當少年命定似地說著自己的病理形貌，必須被回問：「發作？什麼意思？」人才因而有機會越過一個名詞、一個譬喻，回去認識未被著妝的自己，也才有可能找出空隙去探究與理解，在自己身上所發生的，究竟是某種生理上無以迴轉的病症，抑或生活世界裡一再復返、如真又如幻的困境？

語言牽繫著情緒。那失衡的生命，與其被指稱為干擾、定局，是否更是散發出訊息的、開放與結局未定的？在少年彷同診斷口吻說著「發作」的自我預言之後，我戰戰兢兢用字斟酌，害怕落下腐臭的種子，接口說：「醫師的診斷是針對你的現在和以前，但以前不一定代表你的未來。你如果不喜歡現在自己的樣子，可以從現在開始，練習成為自己喜歡的人。像是把自己重新生出來。只需要練習，你可以慢慢練習，試著去成為比較喜歡的自己。」

說話的同時，我緊緊望進他眼裡，盼望能立即審視評估這段話，是否對眼前這位年少多舛的生命做了正確的事；我沒把握、也不知道，這段自己反覆以行動實踐的言語，是否也能接手在少年身上有所開展，得以重新想像那社會文化結構與專業系統所一直以來所給定的絕然定論。

但，如同以往，我有把握的是，這會是一次因帶來開放而有力量的會談。開放並不總代表如願，但它可以是一個新的可能——什麼都可能發生的未知，而不是蓋棺論定的結局。這樣的觀點與說法，並不是浪漫飄渺的樂觀正向靡幻之語，而是我所曾親見的事實。

二〇二一年七月八日，上午

所在：醫學中心醫院

事：談話

備注：**下一回合新生**

我和小新坐在一所醫學中心級別的醫療機構候診區。那裡安置著大約七、八十張座椅，超過三分之一的座椅空著。我問小新是不是候診的人通常不多，小新聳聳肩說他也不清楚，他不喜歡到大醫院，感覺很沒有希望。又補了一句：「但這次有人陪診，好很多，不是自己一個人，不然，我可能中間就會跑掉了。」

第一次會談即發現，小新表面上看來嚴肅與略顯平溫，實際上卻能輕易顯現出對幽默話語的感知。他總能在細小笑點，毫不錯過——但不是討好地——發出坦率的笑，那是靈魂再次活絡的時刻，人在那瞬間逸出了所在的苦難軌道。但會談裡的輕鬆時刻，並非造作刻意，實則因為我——作為一名正式談話的參與者——深知我們兩人都將有機會從這段關係裡，越過往常小新所熟悉的病理觀點，重返人與困境的視界。

十幾年前，還在大學諮商中心任職時，我頭一次遇到被診斷為思覺失調（時稱精神分裂）的學生。服藥史十餘年，由於經年反覆住院，當時他已是三十多歲的大學生，在大多數沒有症狀來襲的時候，將自己的生活過得如他所稱的「尚屬滿意」——繼續想完成的學位、參加喜歡的社團活動，在感到不安的時候，休生離群。最重要的是，能知道如何在眾人眼光中的「優秀」手足群當中自處。他告訴我，多年反覆體驗後的方法就是練習趨吉避凶——在需要休養的時候不去勉強奮戰，想做又做得到的事，盡可能去做，知道自己要走的路原來不需要與兄姊相同。

那一段他所敘說的，是如何在單一價值指標的社會生活裡，安然地不工整。

檸檬的清香，不需也不應與蘋果的濃甜競逐比擬。不同生命，有各自的路徑與去處，檸檬與蘋果如同花草樹，不應也毋須競賽或占領異科別屬。天並不高於地，如同空氣不尊貴於水。差異，僅用以指出不同，不是區辨前後高低優劣。那位老學生花了十餘年於艱難世界裡，覓得專屬於自己的方法與意義。時至今日，我仍清楚記得由他所開口說出的趨吉避凶。它指出了一條路。

全球與地方的政治經濟治理與社會文化，在島上構架著齊一同質有關「成功／勝利／優秀」的前提假設，對生命世界「理當的美好」設定，陷落於僵固、單薄且脫離真實（reality）之境。人因而慌張急切地，埋首於日夜之間的所有空隙，攢累各式資本，憂懼著「美好」的遠離。

然而，人在還未到達那想像中的樂土之前，即一路一吋吋地遠離了靈魂。

來不及意識，以致虛無鑿深了受苦，在無限的時間縫隙間不斷湧現；在來不及回往去查問那一長串彷如小新的古老提問、責問資本社會所給的假設指標時，即逕將痛苦定調為來自生命的無意義與徒勞。

想起前幾日無意間，看到一部近期叫座的本土戲劇剪輯預告，畫面裡，成年女兒哭問著母親經典問句：「你快樂嗎？」年輕時，我亦有幾次被旁人問及：做這樣的工作，你快樂嗎？

這個情緒辭彙，似是無懸念地被普遍採借，用以裁決所有過往與此刻是否具有意義價值。一個問句，給出了如何丈量生命世界與意義的秤砣；然而，「快樂」本質上的短暫，與人們渴望的永恆，是相違的去向。

一個稍縱即逝輕薄短小的情緒譬喻，被用以丈量喧譁紛繁、複雜綿長意義開放的生命世界，因而幾乎注定帶來懷疑的回答。

人們於是低估、錯過了生命的深刻與廣漠。當那或大或小的痛苦回憶在不意之間流瀉而出，試圖即刻揚棄悲傷以追討永恆快樂的意念，不過加深了痛苦的鑿痕。最深而長久的受難，或許並不來自於困頓苦厄的出現，而是在受苦的同時，人盼望那是能揮之即去的夜裡夢魘。

大多數的俗人如你我，都尚未或者無法得道，有些哀傷如何也無法平復。而假使，人們知道、或者決定直面生命裡各種形式困頓的普遍必然，對於它不時地暗地突襲，是否將更有機會進入複數的領會與思索，因而得以在如火煉獄裡，有所意願，盡可能為自己留下氣息與挪出餘裕，越過世俗，返身對自己真摯地溫柔以對？

由於本質上的不可全控，生活的真相，相對於恆常不變的單一感受，實則更趨近於五味雜陳。困境之於人，或許並非全然而純粹的深淵。

將度量的尺度收縮地愈小，愈能發現人與困境，是瞬間即變的動態關係。心念似海，納收著風與雨、痛苦與記憶；潮來潮往，所意味不是回憶總夾帶著苦痛一再復返或長存不變，而是它的將來，以及，它的將走。這是觀看尺度的移動，也是對於受苦的如海回應。

諸多受苦，來自人類對世界的單一假設與全控想像，人最核心的痛苦，也許正是向烈焰索取涼冷。唯有意識到此荒謬，人得以辨認出於生命長河裡，可變與不可變都處在瞬變之中，以及，不同形態生命的氣味、質地與軌跡並不相同，人需要採借其他更多層次的丈量之器；生命世界，需要、也值得對應予更複雜豐厚且動態充滿的辭彙。人也方有機會，在荒謬的受苦之中，取回心智與行動的自由。

當小新開口問能不能找我會談時，說的是：「我覺得我不能再這樣下去了」而不是「我到底怎麼了」。直到第一次談話之後，我才明白這兩句話在本質上的根本差異——「我覺得我不能再這樣下去」，指的是在受苦中，人在心智與行動上，決意將自己重新生出來——躍過原本父母臍帶所孕育的第二次出生。

由細小的時間尺度觀看，死亡，都是曾經發生的事實。人並不需要主動尋求死亡。當生命還延展著，每一日／刻／秒，都是由死復生的歷程。次日與次刻，都是名符其實的下一回合新生（rebirth）。

因為有著日月更迭，人得以離開彼時彼刻的苦痛；那悲傷之事，在時間軸上是已然漸遠的過去；何其不幸，人無法改變已發生的事實；同時何其有幸，人有機會跟隨著所有的此時此刻，對新的所有遭遇開放。保持著結局未定的態勢，意味允許自此刻開始的所有遭逢（encounter），能被納進生命軌跡之一，容許它（們）去改寫歷史事件在生命長河裡的定位與意義。

人卡在高度勞動的細格子裡，被暗指明示著要以簡薄的態度，去判決原本由生命的過去、現在、未來所延伸的神聖歷程，以致以物質權勢定義價值、以無愁快樂審視生活是否如願；以致在察覺時間已逝、憂懼再無所能掌握之時，只得妄念盼望重回尚未衰壞的原初、重新開始。

然而，意義具有多重與無限性、可無限流轉，記憶因不同脈絡與際遇而轉變著。歷史無法改變，人們被痛苦的過往所折磨，而意義卻跟隨生命的持續進行而變化著。所有的此時此刻，都可能改變了歷史事件反射而出的映像。人可回應的方式之一，是取回那直視痛苦的權利，將自己重新生出來——指的不是刪檔重來／return，是立基於對以往受苦的來龍去脈、瞭若指掌後的有意識的即刻重生／rebirth。

那位老學生在漫長苦痛裡，歷經的是對於重握自身生命權力的諸多嘗試，那是生命最古樸也最有力的動人之處。那一次次的捏塑、思考、再決定的來回歷程，人的能動與主體，在此過程啟動。每一日的遭逢，能用以重造再創隔日的新生。[1] 沒有固定或最終答案，機會／自由／意義隨日可得。生命世界就是從這每日的舊新交界擴展而生。生命（或說意義），並非一個既存、恆在的某種狀態，是以一輩子的長度，去沿途思索、塑構它的形狀氣味。

那位老學生、小新、信雄之子、少年過往所代表的人的受苦，所／能揭露的會是什麼？

在與小新的對話裡，有關生命意義那一題，我接口問的是：「你喜歡現在的生活嗎？」下班之後的生活似乎浮動無所著處，我邀請他，去詢問自己——希望生活中能有什麼改變？過往曾被按壓剪去的想像是什麼？哪些是他覺得也許能找回來也想找回來的？他說：「我喜歡寫歌詞，想學吉他。」「現在房間有合適的地方可以做這些事嗎？」「沒有。不過，我想我應該可以整理出一個地方。」「如果你喜歡，那就去生出那樣一個空間吧。」

關於生命的意義，是人的終極提問；而生命總在流轉移動之中，終極問題在實然或應然上沒有終極答案，而餘裕、自由與重生，即由中蘊生。人不斷向他人發問，人轉身由自己給出；如何回答，是人的核心權利。

過往歷史影響著、但並無法終極論定生命，它並不如古老心理分析所寓言那般地強固死絕，因生命是部宛若訴不盡的長片，所有的結局都是暫時。時間吞噬一切亦滋衍一切。

像小新這樣一位被診斷為重鬱的「患者」，若在診間內，不被簡而易之地以消去「不美好」症狀為終極目標；在診間外的專業關係裡，亦並不只是被厚密的同理溫情所呵護包覆、被離地般的病理式分析，而是，被待之以常人——有悲有喜能有所思有所行動，人就有機會在受苦狀態裡，去決意採取不同行動，逸出社會文化價值所給出的道，返回生命裡的主體位置。

幸運如小新，他看來正遭受一點也不舒適的探問之路，但他卻仍始終記得那始自年少的發問，並開始摸索答案。這是他決定讓自己，由自身而生的珍貴時刻——無數次地。

所有的苦難，都生衍自其身處社會政治經濟與歷史文化的根系。當代的集體苦難，反映的是根系（而非個體）的病兆，其集體朝向扁平化與個體化歸因，源於人們的善良天真與跨國商業體、國家的政治經濟性計畫的纏結。

與其期待能人英雄或某一知識領域的解救，蘊含良知正直的政經體系與文化情境，是對苦難的誠實回應；有別於現時苦難工作的個別、療癒與適應，是苦難工作者的大幅迴身轉向——看見專業所身陷的倫理困境結構，以公共事務觀點，站立於既核心又邊緣、見樹亦見林的位置。

即使，當眾人因藥物而被治癒，但若尚有那麼一個人，必須透過「生病／症狀」去隱喻對新生的渴求，人就有充分理由不棄守藥物或者腦科學之外的那一條條明或未明的路。何況，此時此處，不只小新一人，這裡有遠遠超乎想像的人群。

注釋

1 新生並不意味資本主義所說的「進化」、更「好」，或漠視他人的自我中心化，而是一個變動中、去中心化的多元樣貌。

二〇二二年五月二十日，晚上

備注：那些灰階的意念與行動

電子信箱裡其中一封信，來自一所中學輔導室。字裡行間滿是疲累與慌張。校園成了阻止生命早逝的急難現場。

人們想像著尋短，是隻身、失力、想消聲匿跡的；然而，念頭卻並不總是齊一或相似。在某些時刻，結束自身生命所意圖開啟的，是對他人的求償行動。藉由對他人的情感動員，以隨而開展的群體情緒張力，去對被指出的「加害者」發出厲聲。談及自殺時，必須先將兩者區別開來，才能辨認人們所身處與面臨的是何種境地。

然而，兩者亦有著共同之處，那想終止的，不是生命，而是來回穿梭於中的念頭，它生衍自過往，被此刻的不意困頓接手出芽。

所謂的困頓，有時由世俗所定義、有時是無以名狀難以指認的滯悶。那信雄家裡的大男孩，隨長大成人而愈加意會到的逐漸失力，世界的崩解已然開啟——它喚起了昨日記憶、重新詮釋了彼時路人與同學的眼神。

意義的生成，離不開主體此刻所身處時空與意識。過去，並不絕然定義或決定故事的走向與結局，是此境此時（here and now），抽取了相對應過往的再現，重繪著那曾經事件於此當下的色階與飽和，揮指著彼時記憶不斷落成此時的受苦，所有此時此刻不復存在。

歷經古早倫常階序與現代原子化分工的社會現實，人們被密實鑲嵌於社會生活裡的角色與關係，由遠方異域傳來的「自我實現」，[1]成了眾人已逝自我的當代救援，以一言以蔽之的濃縮敘述體，強調對自我的關注與滿足。乘著科技流域，人們在各色螢幕上眷戀自己的身影，無暇顧及他人；自我與他人之間二分，彼此競逐難以同在。

當人全神關注著自身，所有意念的隱微變化，即落成地獄或天堂。不同網路平臺上展示的不是自己的身影，而是社會群體所被建構的人造渴望。做自己，原作為解方，卻成此世代的陷落之處。

自我，不是封存於內部的固態存在。人對自我的瞭解，仰賴於各關係裡的來回參照；與不同生命遭逢的過程，人形成對自己與他人／世界的想像與設定，因而本質上，它變動不居。始終的未定浮動，因而必然涉及著一路以來的徬徨不安懷疑。

而那歷來由國家體系制度與文化所共構對能人的單狹認定，病識感亦已然從醫療領域擴延到街巷公眾常識，融合進了人們凝視煩惱、緊張、不安的眼光。憂鬱、恐慌、焦慮等新辭彙，鑄造著島民對感受的「負向」、「病態」排除觀點。順服而不疑，人們蘊育著純真、努力與忍耐的靈魂。

痛苦，及其所夾帶而來的「症狀」或尋短的意念，並不是對眼前生命的成敗論定，相反的，那是對生存之境所發出的批判聲響，是生命試圖獲得新生的強烈訊號。尋短，所誠實表述的不是求死，而是尋生——對重啟一個新的生命世界的深切渴盼。

那些帶來憂傷、畏懼的，不僅只能落入被排除之物。人能有所作為回應。情緒，既簡單也複雜，它有其或長或短或隱或現的對應來路，除卻腦傷所造成的生物結果，通常是歷經本能、文化、經濟、政治與大小歷史的動態疊造與發酵結果。作為一面顯微鏡片，人得以由中窺見自己如何（被）置身於事件／環境之中；同時，亦得回返作為通道，前往來處開啟探察。

隨著與他人關係的變化，以及社會文化情境的改變，人對於過去的回憶與記憶，都可能形成不同的意義與認同，而此認同轉變，將由根使人對自身與生命，產生截然不同的詮釋觀點與感受。人的過往歷史總與每一個此刻交會著；

所有的遭遇，都促成著異動。歷史，在亦不在，它因每一個此刻而變化；它的不變，通常不是自然的結果，而是源於人的有限意志。

唯有視情緒為必須捨去的困擾時，人才真正受縛於中。是人對它的回應方式，定義著情緒將如何作用於自身與世界的關係。

而此時代依舊需要著不安，和起於對生命的深刻憂愁；人需借助著那些來來去去的灰階意念，去促成意識以及行動；人需要節制將自己作為宇宙或世界的中心，既關注到自身且略過自身，那不是克制或忍耐，而是當人將眼光從自己身上移開，去對身體所寓居的歷史、文化政經有所感知與回應，能動即有機會由中而生。

注釋

1 被簡要使用的「自我實現」與「做自己」（be yourself）相互援引借用，共同站上的是「人類為中心」的前提假設。並在資本主義的邏輯裡，曲扭為將非我與非人的征服或驅逐，視為「我／人」的進步與榮耀，壟斷寡占的商業發展即為此極致表現。

二〇二一年五月二十日，晚

備注：各式資本世界所架設的意義之網

進入三級疫情第四天。將近一整個月的工作悉數取消與後延，就寢時間比以往提早了些。但今天晚上我特地延遲上床時間，等著之前人類所一位學弟拍製的紀錄片播出。《日常風景》，一位父親導演對幼童傷害事件的探問——試圖看清楚那令人措手不及的悲劇，如何能在日裡的街道上那般無名發生。

質樸追問不是容易的事，那考驗著人在他人痛苦掉著自己的眼淚的同時，能否接而往前去追索、探究苦難成形的足跡。

大眾的同情、一命抵一命的集體情緒，所各自投射或移轉的，是自身對世界的無可奈何與氣憤不安；加害者的死亡，是眼前被用以止住人們源自生活裡的深切悲憤與無望的想像捷徑。

然而，問題往往比表象所顯示的複雜與深隱。死亡，無法簡易消解災厄。當個人的監禁或死亡，成為紓解社會／群眾情緒的過渡儀式，人得以暫時越過原本的底層與邊緣、握得不同於日常的權力，但在此集體情緒宣洩儀式之後，人們能否接而對舊社會有所深切思索，並於回返各自位置之時，起造反省改變？或者，將自身的倖存姿態封存為旁觀，再而低頭站回井然有序的結構位置，等待下一次的出場？

關於無差別傷殺或家內弒親的追索，若專注依循個人特殊生命經驗，或能獲致極富意義的訊息，但卻必須異常小心，以避免在過程中走進線性史觀，以致過度推演出病理或個人化的結論，略過了社會生活如何推輾著生命的紋理去向。

問題與災厄是蔓延莖藤的尾端，它並不僅只帶往人們去到被掩埋的起始端點，是它所躺臥的那片森林，才是目睹與倖存的人們——最低限度地——所需探究的廣漠之地。

消費與開發主義偕手布設的生活地景、當代經濟政治所建置的勞動條件與人我關係、親族鄰里與網絡社群所散逸有關成敗的強勢敘事流，它們交相密實織就成意義之網，傳訴一系列象徵。資本主義致力於財富積累的精神，在這島接連上能力本事的展現。

物質脫離其屬性，作為權力與階級的再現，各式資本劃定著生命的明暗輪廓。人們熱中迷戀成功、對失敗不安鄙夷；以經濟產能／受僱力對生命進行高低劃分，指定出人們該對什麼感到失落、羨慕、不安、憤怒、忌妒、害怕，該如何行走、說話、裝扮、以什麼形式謀生。

人們進出什麼地方、停留於何處，人想像與認定著自己與眼前資本地景的關係。觸目所及的所有形式物質，不僅只是物理上的為人所「用」，更是政治經濟性的有「能」展示。理想範型愈清晰僵化，排除便愈強烈。文化現象不只是理解的概念，它在社會生活裡，落地為實質的重量、尺度、規範。在日常行止觀看之間，周而復始地，人主動或被動入座為社會結構裡的頂端、底層。人與地景齊一資本化。

現時的困乏、空茫與心神上的失序，看似是個人的早期不幸接連著此刻的失格失所，實則是長期身處於炫目閃亮卻平板單薄資本世界裡的格格不入之感——或焦慮追及不上，或深陷無意無趣。那被觀看的隨處地景，盡是閃亮著無止境的刺眼競逐與相對剝奪感。

然而，鳥與魚，何者尊貴何者卑微？生命的各式腔調風情，什麼是正常可被頌揚、什麼為異常待矯治？

一個設計以競爭排除為本質的遊戲，形貌各異的眾生命無法同時安然存在；由各式資本所設立的高低階級，羸弱如蠶絲、耀眼的物質世界終將成為止渴之鴆。那或向上或成底層的流動，並非公平與自由，相反的，它恰巧維持著地方社會的病理有序與平衡。苦難或災厄，以不同形式散逸，在某個或可預判或無可預料之時，分別將一枚枚輕飄失重的生命，劃分出核心與邊緣。

在此時代，個人的不幸，不是單一的個別遭遇。人們不過隨著不同事件、歷史時點，輪番各自落入受苦之地。由此望去，不合時宜的，不是個人，而是扭曲拜物與排除邊緣的社會生活與文化情境，永恆劃分著生命的榮耀與卑微，構建了集體的分時落難、入病。

不論問因或者求果，對於災厄，由經濟力量與政策所廣而宣稱的價值信念，都必須與個別生命史放置於同等重要的位置。日照與供水，不足以全然決定植物的茂盛或枯萎，還需理解根系與土壤微生物的緊密連繫。

而人的精神心靈，是用以浮顯現時世界土壤根系的鏡。那被「診斷」為精神疾患的人，映照出失調的環境；那被稱之為失常失序的瘋狂，所動搖的不是個人的思考知覺，而是地方社會長期既存的病態平衡，藉由犧牲邊緣與他者以獲得有序的體系。

那麼，關於「精神疾患」的隔離圈圍，在倫理與實務上，能否成為災厄受苦的終極處方？那被宣稱的苦難療癒與改變，是否不過是旁觀者的虛假願望？

假使，「精神疾患」作為一個中介虛詞，人得以從局外看似混亂的思緒裡，攀爬入局。去聽見其隱微聲響，去觸及它所滲出的訊息與意義，去為自身與他人、整體社會提出新的指引。去汙名化，指的就可以不是同情受難個體或美化、災難化受苦經驗，而是還予人——由遭難的受害者回返其映照且能動的——主體位置。當不同的氣息被珍視，眾生命就有偌大的機會能自由行止、呼吸與綻放，人即不需用「症狀」去抵抗受苦、無由去遁入失序或瘋狂裡。

世界是複數的，有機、紛雜且充滿變異。在資本世界所建置的意義之網，人的身體靈魂雙重束縛於以物質所表徵的豐盛與文明。如同在毒品裡上癮，人們最終將因對經濟場域之外的世界感到陌生憂懼，而滯留於物質墓地。

我們都曾經去過或仍身處那地方——模糊日夜界線努力勞動認真休閒，以消費作為對身心辛勞的補償。荒無的精神世界，肉身無可走遁。但，人們當真無法逸出此道？

設若人類始祖能從非洲流散到各洲陸地，跨過不可知的海洋，人也許比自己想像中更有能力去含括更多的他者進入自己的眼簾下生活。人不需集體將自我禁錮到如此進退無路。萬物彼此緊密相關聯，相對於單一物種或模板化的生存方式，差異，造就的不是排除，而是繽紛共造、能與眾生命相連繫的世界。

人需要重新檢視如今輕易將受苦全然推給病理醫療的流向，重返「症狀」所倒映出的世界。失序即不再僅止於意味混沌混亂，而是指出整體社會需要歸還眾生命那一處處可行可止的生活空間——於海納不同生命形貌的市街野地、家屋人群、鄉里城市。

在有關受苦的命題裡，苦難的意義化，需要成為關鍵的解方之一，並進一步用以質問現世，鑿出通往他方的通道。痛苦與災難，考驗的不是司法與醫療的圈禁範圍，而是島上每一位個人的良善、思辨與倫理行動，能否意識那資本之網所構築的單薄與荒謬、齊同接手推展社會政治文化成豐厚沃土——一個可納含不同生存方式與生活形態、可接容多樣性生命的喧譁世界。

二〇二二年二月十九日，下午
所在：少觀所、會談室
事：兩場談話
備注：**發問的神聖時刻**

我依約定時間，在少年觀護所接見室等待小佑。從慢性病房出院之後，他便被轉送到這。接見室裡只有一扇靠近天花板的氣窗，提袋和手機等隨身用品都不能帶進所內。時間業已過了十五分鐘。我坐在椅上，看著門框外的員警與幾位受刑人正在進行我並不理解的庶務。

小佑進門時，從眼角能看出他的微微笑意，眼神看來亦不像上回陌生。但不知道是不是因為他的座椅朝向門外的關係，小佑在前二十幾分鐘顯得有些心神不定，只有當談到自己對那裡的忍耐幾乎已到達極限，以及談及喜歡的對象時，才能感受到他正專注對著我講話。特別在講到那位女生時，他的臉部線條真是柔和至極，眉眼還透著小男孩的青澀炙熱，彷彿天地之間只要有她一切俱足。

他說離開這裡之後，要趕緊工作才能照顧她，即使我問及可能的實際花費時，他一時也說不上來，但仍認定自己每月至少需要好幾萬塊才能提供女孩不虞匱乏的生活。我並不知道他跟女孩的關係如何。那是小佑在迷亂中所能抓握，以與世界連繫上的想像線頭。

但他篤定的眼神，讓人打從心底擔心。那是稚氣接連著男子氣概式的情懷，而我並不認為，世界將應許他對未來的想像或對自己的暗自許諾。

今天是與小佑在少觀所最後一次碰面，接下來如果順利的話，我們會在外頭——他所說的自由世界——見面。我問他離開之後想做的第一件事是什麼？

他以理所當然又輕描淡寫的口吻聳肩回答：「不知道，開party吧。」不知道小佑從何處抓取了party這個字，就我所知，那是他所不曾參與過的人群活動，除此之外，除了我與他的社工，我亦全無把握是否還有誰正等待著他。

但我或許理解，小佑開口所說的，是對於某種「好生活」圖像的嚮往，一如他想照養心儀女孩——那是源於原子化生活世界裡被建構出的「能」，以及，與他人有所相屬的想像與渴望。這類渴望經常被歸諸於來自人天生的心理需求，然而，它更緊緊相繫著高度工業化的發展歷史，因勞動及生存意義破碎虛無化、資本化的生活世界而生。

社會生活裡的拜物，不追問意義或精神，將人自生命裡剝離開來。稀薄的生活感，軟弱仰賴著各色物質、社交平臺上的繽紛打卡與貼文照片裡的永恆笑容。小佑的早年命苦，並不將因他的日漸長大而消逝，他需要能不那麼貼伏資本主義與地方社會所指出以財富證成能力本事的路。如果我能對這位半大不小孩子的受苦有所作為，其中之一方法，是邀請他和我一起——至少在某些時候——能站到他所熟知且習以為常的扭曲世界之外。

上午十點三十分，我準時與小佑道別，離開前的戒護人員，與來時開門那一位不同，他罕見地問我，小佑還好嗎？我快速點頭回答：「還不錯，今天他看來好多了。」但，像小佑這樣因心性不夠複雜，極仰賴環境推移的永遠少年，所有的好，都只在眼前算數，只有永恆良善的社會關係與生活，才能讓這樣的天真孩子永保安康。

生命史，總牽連著一段段關係的遭逢，而不是真空般的「個人」。好幾次在與小佑會面後，總想起H告訴過我的一件往事。

四十多年前，H初進小學的第一天。朝會上，校長叫了同是剛入學的一位小男生上司令臺。小男孩沒有穿制服，穿戴在身上的是一整套小西裝，領間還正式繫著小小的紅領結。校長站在小小個頭的他身邊，就著麥克風說：「來學校，穿這樣的衣服是要做什麼？」

他和H同村莊，是家裡唯一的男孩，在一九七〇年代初鄉村，他那位並不富裕與因左右兩腳長度不一而總拐著步行的父親，將所有的來自個人、家族與社會的價值想像，都濃縮在那套小西服上。

成年之後，就是一段各自求學謀生的普遍故事。直至H中年後回返家鄉，經常在村子通往市鎮中心那座橋上，看見那位已同是中老年的男孩站在路口。直愣神情彷彿從未離開舊日幼時。

那高大的身軀不知道是不是還記得那套小小西服與偌大的司令臺？以及那透過麥克風大聲傳送出來的話語？

若有那麼一天，我意外地撿到了一丁點的權力，是否也會那樣理所當然、無知卻義正嚴詞地指著另一個人？當我幸運地能在社會生活裡自由移動、對自身生命世界還有或多或少的掌握時，我是否，仍能因著看來似乎與我並不相關的他人的不幸，感到深切悲傷？

從盆地邊上的少觀所開車到熱鬧市區，即使比預定時間早了十分鐘，阿青已在裡頭邊看書邊等著我。這裡是一處非營利機構的辦公室，我在這裡幫忙外部團督，已進入第三年。由於阿青社工的請託，我於月前開始與他會談。

阿青說這週練習了我的建議，在生活裡設立底線取代長期的忍耐，因而他開始對不尊重他的人，亦回應以不禮貌。也許上回我的說明不夠清楚，以致讓他誤解了設立底線的意思。但我猜想他是信任我的，很快接受我的補充說明。如同以往，我再次對阿青說，他的眼睛好像始終跟隨著旁人跑，不論家人或舊識新友。對於被支持的渴望與隨之而臨的失望，帶他落入使用毒品的迴圈裡。今天當我對他說，你的空虛，聽來好像來自對他人的失望或失落，但究其底，更像是他一直遠離著自己的關係。他開口問：「那我可以怎麼做？」

這是他頭一回發問——而不是再次沉溺於自己過往所受的傷。我們開始能認真回來談他第一次談及的夢想，可以如何逐步接近。

一個問題，推出一個世界。這樣的發問，替代了人對自身與世界的責備。這不是阿青「做自己」或「自我實現」的路，而是人終於嘗試起身離開那熟悉的、被過往掐住的受害位置，動身去向自己追查一連串的探問。

在所有的談話世界裡，我總等待著這樣的發問時刻——將對話匯流成此專注的追問。那是如此神聖而入世的時刻。

二〇一八年一月四日，下午
所在：北緯四十三度街道
事：偶爾死一下
備注：**充滿生機**

第二十天，我在這個陌生之地，似乎業已五感全關。不是因為從住處到老城區這條五公里長的街道不再帶來文化震撼，是身體在改變，周遭環境也在變化。

北緯四十三度，這座城市上週開始進入低溫，我的亞熱帶腰腿不再俐落。昨天在廚房階梯口跌了跤，輕微拉傷，下午出門時，便只顧著撐傘低頭走路，對於周遭視若無睹——這不太影響行走的安全，泰半是由於法律的緣故，這裡的車讓人，斑馬線上沒有喇叭催促聲與快速疾走的行人，只偶爾會聽見斑馬線前的車輛急煞聲。

一反既往的清朗，今日天色轉灰飄雨，地上總是溼的。不知道是否因為這路段位在核心老城區外的緣故，街道清洗車沒市區裡頻繁，隨處可見各家犬的排泄物。它們隨著雨水擴漫著占地範圍，我得更注意路面以繞過它們。這樣一路上的專注迴避，對其他的什麼，幾乎是視而不見、聽而不聞、嗅而不察。

走在街上，與人擦肩而過，表面上看來，彷彿身體與活潑的外在世界有著連結，但細雨薄幕、四散的狗兒排泄物、傘下的我的身體感，在那夾雜各式既陌生又熟悉訊息的世界與我之間，拉出了界線。我既不歸屬於它，它亦不歸屬於我。我不再與這裡有所關聯。想著是不是該中斷原本長長的停留計畫。

然而，不過在一秒鐘之後，在還不清楚被什麼所啟動，眼角掃過的街角、剛剛擦肩而過那位盛妝女人身上的香水味、牽著狗兒的男人女人老人、河道上的獨木舟、老橋上拍照的人潮、櫥窗裡的La Befana、煙草店和咖啡館門口總站著販售隨身包衛生紙雨傘的年輕黑人，眼前世界逕成字句段落跑進腦袋身體裡。

這段來回十公里路，我依舊如常未語，但在那個不明白如何出現的瞬間，我重新再與世界，於每分秒發生著關係。走在這二十天來每日走的同樣一條街道，此刻正變化著。我感到十足幸運——在那一長段因二〇一六年書寫《靜寂工人》之後漫長的寂困之感，為了重啟與世界的接觸，下定決心遁入此陌生之地，去經驗偶爾死一下的時空。煉獄，也許和人沒有辦法偶爾死一死有關係。

就目前極有限的知識和能力，生命，只有死了，沒有死一死這回事，然而，如若將死亡擴大定義為「離開身體與意念所仰賴的熟悉地方」，偶爾死一下，在意義上就能達到。它所暗指的是，在眼前生活世界與未知死亡之間，所偷渡而出的餘地。

死亡的念頭，生衍於身處生活世界——每日行走路線、吃飯和工作氛圍、閒暇與打發時間方式、每天見到的人、開口與聽見的話、身上穿的衣服與滑過的螢幕、所見人造與自然地景——的一連串無數遭逢。生命苦樂由中而生。人所厭煩或想與之道別的，不是生命本身。

生命不過是載體，人們想告別的，是由過去延展迄今的寓居形態。尋死所渴望的，不是死亡自身。

在絕大多數情況下，人未曾去過死亡之境，人所盼望的不是未知的「那個」死亡，而是截然不同於眼前、目前已知的「這個」生活世界。和「裝死」——摀耳閉眼五感全關——並不相同，偶爾死一下的念頭，是企求跳離所身繫的生活、和此世界暫且斷去音訊；藉著岔流而出，走入或長或短或淺或深，不同於現有的生活方式。世界是複數的。

相對於單次性的身體死亡，這樣離開現有生命姿態的偶爾死一下，因而充滿想像與可能。餘裕，即由此而生——即使可能僅是薄若蟬翼，但卻是生機無限。

餘裕也許曾經或偶然地現身於財富與聲譽之中，但它始終能落地出芽之處，是人能不斷穿梭、進出於「此處」關於勞動市場和能人的單調想像，而抵達那無數次、恆常或瞬間、深意或淺嘗的「那裡」。人與寓居之地因而有了機會彼此相互牽引孕育；人，可以不只是遭受方（sufferer）。世界因而道成可離可返的田野，不是人的終極依歸。[1]

世界總在轉變之中。我們仰賴集體的意願，以及足夠的時間累積。缺一不可。讓經歷慢慢推展出生命的軌跡與氣味，需要的是由時間所鍛練出來的耐心，不是忍耐。生命的滋味無法由倉促行事所促成，耐心是關鍵。就像是安娜·秦（Anna Tsing）描繪採菇人在松茸森林中尋覓蘑菇生命線所述：

「『慢一點，』總有人如此勸告。生澀的採集菜鳥大多是因為移動太快而錯過蘑菇。唯有謹慎觀察，才能察覺地面上的徐緩起伏。冷靜又狂熱，激昂卻又沉穩。」

生命的棲身之地，不是由市場產值所揮指出的成就榮耀，而是人與所有生命形態——無關乎聲望或權勢——的樸實連繫之處。因為有所感、能思、能走，人可由死蔭幽谷偷渡而出。

注釋

1 此語彙採借自美國人類學家瑪格麗特・米德（Margaret Mead）《世界，是我的田野：人類學家瑪格麗特・米德的發現之旅》（*Margaret Mead: A Biography*）。

二〇二一年八月二十六日，下午

所在：安置機構會談室

事：對話

備注：如流星的閃耀瞬間

他：「嗯，今天要討論感情。高中時不願意交朋友，因為怕背叛國中那位，也怕交了朋友會剝奪了與國中朋友的時間，上大學之後交的朋友，都覺得沒有國中那種想多瞭解的心情。想知道要如何放下國中那段。」

我：「一定要放下嗎？每一段過去、經驗都珍貴，它影響你現在和未來想往來的對象、想和別人如何往來。」

他：「聽起來，放不放下是假議題？」

我：「生命會回答你一開始問的問題，你要等它。」

他：「這樣好像回答了之前覺得空虛的問題。以前比較不會想，白白浪費了時間。」

我：「不會的，沒有浪費的問題，不同年齡有不同體悟，所以生命才這麼有意思。經過某個生命歷程，重新回頭去看，原本的事件可能有了不同的意義。如果總是將焦點會放在懊悔上，終究只能今天懊悔昨天，明天懊悔今天，後天再懊悔明天。」

他：「這樣聽起來滿冤枉的。」

我：「是有一點這樣的味道。所有的過去，會影響現在。那些以往，可以促使我們去想、去決定要過什麼樣的今天，你事實上也一直都在嘗試這麼做。但主要是因為習慣，是習慣，人習慣將焦點放在懊悔上。」

他：「我比較悲觀。」

我：「悲觀不是問題，是焦點，你習慣的關注方向，很容易沒看到你一直在為自己做的事。這就真的是你剛提到的寃枉。不過，它絕大多是習慣的問題。去練習有意識的調整。當你覺得被困住了，通常代表了目前所知道的，不夠回應，那，就去補。用想像、用對生活的在乎、用知識、用你擅長的邏輯、用思考、用知識去補。」

他：「所以會一直重新詮釋？」

我：「看吧！你總是一語中的！」

我與小新的談話之所以能有所進展，其中很重要一部分，是小新所選擇站立的位置。相對於一個受難或受困或受苦的「病者」，他更作為一位探問者，並不只專注於感受，而是將「問題」放回聚光燈之下。那是一個能動者的預備位置——亟需被珍視，以免它如同流星，轉眼即逝消失在眼前。

而在試圖回答或接續眼前那人的發問之際，我亦經常共時經歷某種意想不到的轉變，特別是我在其他工作感到無力可施的灰濛時段，愈容易從那人的眼神，去照見自己的模樣。我所對人說的，亦是我想／正／已對自己說的；而在某些奇幻時刻，在那一來一往的對話裡，當我緊跟在那人意念與言語之後，我會像發現奇異地般、像是未曾謀面那樣地聽見自己所開口說出來的話。

一直以來，因為覺得對來人有責任，我總盼望自己能如一座可靠大鐘，對於敲擊能有所回應。未料那一陣陣敲響，原來也正鑄造著鐘。

二〇二二年十一月十日，下午
所在：診間
事：看診
備注：患者

結束上午工作，我從西門站進入捷運，是因為正午的緣故嗎？這條由交通網核心開往外緣方向的車廂，因乘客稀落顯得空曠安靜。坐上最近的臨門位置，我環抱著那只隨身背包瞇起了眼。

不知道列車在什麼時候行經了小南門、中正紀念堂，恍惚間聽見「古亭站」播報聲，趕緊在門即將關閉那一刻提包快步走出車廂。等結束這一回合工作，就能稍事中斷一下行程。前一晚深夜，臨時動念起床開燈寫了封信給育幼院，表達希望隔日的團督能取消。我需要在密不透風的工作線上，騰出上午走一趟醫院，再接回當日下午的行程。基於諸多理由，我開始有意識地練習，像看重工作那樣，在意自己的身體。

在陌生候診處那臺量血壓機器前，我坐了一小段時間，讓心跳因沿路的快步逐漸平緩下來。進診間，看來比我年輕十多歲的男性醫生開口問：「明毅，身體哪裡不舒服？」由於我沒把握之後能否在短時間內回診，希望這回能不像以往，總帶著滿腦疑惑，與因而不確定是否該聽話服用的藥袋離開醫院。盡可能清晰有條理但扼要的，我描述昨天夜裡來自身體左半部的持續劇痛，盼望對方也能回應以相似的專注和投入。

在來回幾次的問答後，他以我能理解的用語，說明解釋我的身體正發生著什麼事，以及發生的可能原因。印象特別深的是，當他說保持「心情」的平穩有益健康時，使用的不是彷如塵霾瀰漫各處的「情緒」二字。

大約五、六分鐘的就診時間裡，他的目光和使用的辭彙、語氣，都一再讓我知道，這位醫者的觀看，並沒有將我放在無知昏昧、只能規訓、遠遠相異於他的「那」端（the other），這讓人的心裡感到安心。如同其他求診者，我是某特定時空情境裡的患者（sufferer），同時，亦是有所感知、在某時刻空間能有所行動的人（agent）。那片段的患者面像——不論生理上或心理精神上的——並不替代或削去人的整體。

看診結束後，很高興自己不需要帶任何藥物回家，並且知道如何去理解身體裡正發生的事，以及可以如何回應它所反映的訊號。生命的本質是有限，藉由語言文字符號的流動，人得以在各自無數的不知與知之間浮游，人們沒有理由不彼此平等對待。那些被隱晦建構著的階級、上下，經常因布滿著誘惑與軟弱而生衍了各式無意識的粗魯與殘忍。

那位醫者所呈現的專注和不潦草，並不源於、也迥異於競利市場所要求的

「服務」精神或情緒勞動，當中所流動的，是他對生命的假設與想像——人理應如何對待彼此。現代社會生活裡，稀缺的不是以利潤為中心思維的「優質」服務，而是如此素樸對生命的珍視。由於人們集體低估了它，使得受苦以極其透明的形體和氣味，不斷散逸在人與人之間（between）。

二〇二二年六月七日，下午
所在：國道客運下車站
事：午餐
備注：**我們如此獨立又相互依存**

過午，結束上半場工作，我道別育幼院裡的社工和輔導員。直到司機先生載我到達轉運站時，東北部天氣還涼爽無雨。由於接連外宿工作好幾日，坐上國道客運即沉沉入睡。醒來時，車已進入臺北盆地，窗外是滂沱大雨。

客運的下車站距離等會的工作地點約五百公尺，傘下的背包、薄外套、防水球鞋和裡頭的棉襪，都已快速接收了紛亂雨水。手腳不斷傳來寒意。我縮著肩膀，雖然感覺不出那微微的肩膀弧度是否因而能藏蓄些體溫。飄打浸入的溼氣，為腳步帶來遲重。我搜尋地圖，快步拐進一百多公尺外的日系速食店。距離下午團督還剩二十分鐘，來得及喝點溫熱東西。

店裡只坐著一組客人。我跟櫃檯上那位看來稍年輕我幾歲的女士，點了杯熱可可。肩膀還沒恢復回鬆懈的弧度，我熱切等著那濃厚、冒著迷人水蒸氣的液體。

當那位身形圓潤的店員在我手心放上找回的零錢時，軟軟胖胖的手不小心碰上了我的拇指和手心。那是高山雨夜裡的營火。忍不住清了乾啞的喉嚨，我擠出聲音告訴他：「你的手好溫暖。」他瞇起了紅潤臉上的眼睛，面帶靦腆笑：「啊，真的嗎？謝謝。」

整個世界以某種可見與隱密的形式，彼此連繫在一起，任何牽動都如漣漪效應。而人們假定握有各式權力的人方能改變世界，忘記了——或者基於某些原因不去意識——每個人每句話每個神情舉動，都以現在進行或未來完成式牽動著世界的樣貌。

生命與生命之間的相異，不在區隔，而在連結；絕大多數的相遇，不只是如表面那般瞬間即逝。因諸多的紛繁不定，生命如此地各自獨立又彼此相互依存、生衍。那每一次流動於人與人之間的，孕育著另一個世界。結局因而總是開放未定，那書尾末頁注上的「未完待續」，是永恆的真正結局。

後記

時近傍晚，我循著由交流道與鄉道所伸延而出的路，於心理速度上，一吋吋離開工作世界。

上午那場團督不太容易，即使我深知人總有所能與不能，許多當下的未意識與習性，依舊堆架出著隱隱不適之感。虛構的《奇異博士》（*Doctor Strange*）劇本臺詞：「痛苦是老朋友了。我可以失敗，一直失敗，再一直失敗。」（Pain is an old friend. I can lose again again again and again.）真實揭露的是人如何透過對於「被打敗」的冷眼輕看，取回作為有靈魂的能動主體；而我仍笨手笨腳在每日生活裡，練習著收納、思考著可預期或無法預測的苦味。

將背包放進玄關地板，我讓目光滑過圍欄邊上的手套，決定赤手蹲進菜園裡拔草，重新回返因整理這份備忘錄已停了好長一段時間的轉場過渡儀式。對照於長時間冷房裡的心神備戰，日曬出汗的身體、觸碰與嗅到的泥土草根，在工作與生活之間拉起了界線。一個凡人的作法，在那個世界死一死，到這個世界活一活；為移動在不同工作場景裡的身體，創造出每日的物理與心理距離，得以在活一活的世界裡，反芻在那死一死的世界所目睹或身處的一切。

在那既清楚也模糊的界線之間，有了被偷渡出來的餘域。

在還未有意識之前，每個人的手上口袋裡，都曾經平白被給予／塞進了一輩子的時間、踩進一場場的混沌。一場場，如同這本備忘錄每個篇章一再重複出現的疊字，一樁樁、一件件、一段段、一回回、一陣陣……，生命世界裡，隨處是堆疊而出的道場與暗道。暗道總通往他方。人無法估算另一端會是什麼樣的景況，亦無從得知各自暗道的長短曲折氣味與溼度。

不論在自己的或者他人的混沌與憂懼裡，相較於年少時總是全心迎上前的熱切，我的意念開始在幾年前有些想摀耳轉身，然而，腳步卻總仍往相反的方向走去。兩者都是真實。需要一再耐心摸索如何將這些混雜不一予以收攏排列，放在可見的案頭上；而耐心的來源，從來都不是忍耐，而是一長串的溫柔。這句話，我也曾對著人說，邀請他能在摻雜著艱難、歡愉、荒謬、不幸、動人等一言難盡的生命世界裡，能把溫柔——反覆地——撿回貼著胸口的那枚口袋。

藉著工作，我觀看也參與著某片段的世界；我對無以計量的接觸對象所表露的話語，不只是鍛鍊過的技藝，亦是我用以回應自身的道。

日頭即將落入西邊房舍屋頂之下，我收齊木椅大剪，開門進屋。淨手時，右手大拇指背突感到刺痛。又是另一道小小的破皮細痕。

不知道是什麼時候劃下的開口。下回是否要謹慎地再次戴上手套，去接受被包覆的安全，以及窒悶？或者由著它，耐心而保持意識地、開放並小心翼翼地，赤身迎向可知與不可知？

碎語附錄

我想貼著你的耳朵說：沒有人是助人工作者

我們是助人工作者嗎？

新年第一週，與半年前才新加入兒少緊急安置系統的機構，進行第一次團督。全體成員內在、彼此關係、安置院童的層層混亂狀況，令人極度驚訝不解。對著全然新手的照顧人員與督導，我好奇發問：去年是否安排了外部團督？

「有啊。」

「進行多少次？」

「我們八月開始收案，從八月到十二月，總共十二小時。」

「四次外督討論了什麼？孩子的情況這麼棘手緊急，問過外督老師嗎？」
「有……」
「老師給什麼建議？」
「聽不太懂……」
「聽不懂可以再追問，請老師更仔細說明。」
「其實，也不算是老師講的東西聽不懂，是老師說他臨時新接了其他工作，所以沒辦法每個月來三小時，所以原訂分開四次進行的外督，就濃縮成兩次。」
「所以每次團督六小時？大家負荷得了嗎？前一天和當天肯定有同仁輪夜班。早上八點半下班，接著九點外督，上到下午四點，這樣不會有問題嗎？」
「所以我們幾乎都沒有辦法集中精神……根本不記得老師說了什麼……」
因為苦難工作總在變動之中，古典理論怕是無法以一應萬，專業養成與苦難工作之間，是以辨證為核心的動態關係；因而，督導關係理當像師徒——循著十餘位工作者所構成的團體動力，逐次由外而內或入淺入深、走近走遠，以思索與技藝為本，續而積累足夠且富於變化的力量，工作者因而有機會在此過程由徒成師。這是完成系統性的外部團督所須達成的最低標準。而當中的考驗，是工作者能否在此督導關係裡，得到充權賦能。

理論技藝與實踐之間，需要給者與收者雙方，對「專業知能與倫理行動」的有所渴望；在長期以來的勞動裡，若能不走向耗竭，牽繫著受督者／工作者都能被待之以人，而非僅是督導的經濟資本過道。避免異化是保持能動的核心。

然而這樣的專業與倫理行動，在島上似乎遭遇困難。不同系統領域的團督與課程，普遍成了工作者如禮行儀的形式與額外負荷，促成耗竭的益加形成。

長時間、系統性的師徒訓練型態愈發少見，代之以片斷課程與去意義和脈絡的喘息活動。表面上看似型態多元豐富，卻因缺乏串連與整合、深化，使得訓練內容流於淺層破碎、暫時迴避困境卻無關思索檢視。透過師徒形式所能構築的系統性思辨訓練，以及，針對不同工作者經歷與特質的各自專業風貌養成，因而失去了機會。

學院訓練或證照應考不過是個學徒入口，所有的踏實在職訓練，都是在工作現場由徒成師的必要之路。而此刻，像此類外部團督模式於各地方的轉變，透露出的是師者已然墜回生手，將自己錯位為紅頂商人。整體社安網的困頓或許不在密度問題，而在絕大多數的無知與無止欲念，正隱於權力與階級內裡，苦難工作終將無從被誰救援。

我們是否依然能自稱為助人工作者？

在地知識仍處蒙昧

苦難工作的專業發展，並不以地理城鄉作為已開發或荒原的分隔線。

非都會地區的專業發展，長期深陷於錯節的義理人情、多重政經系統角力，以及知識、訓練的破碎化之中，它們彼此交纏成結，終致專業難以抵達開展；都會區的困境不在理論的可及與否，是後臺下各擁山頭所形成的動力，使得多數理論於不經意間，遠離苦難現場而成各式權力與文化資本、象徵資本的展演。遍地是工作者的專業身影，卻不意味能踏實觸及長期高度受縛於社會政經的社會安全網對象。

即使人類群體於政經文化社會有其普同性，有關地方苦難的知識來源，依舊無法單獨依賴問卷訪談、實驗操作或盛行於全球的強勢學思論述。再迷人的理論或概念辭彙、知識，都仰賴其與不同生命現場和地方的來回參照；工作者以及其每日操持的言語工具，並不（也不能）封閉或獨立於所寓居的生活世界。

不論專業或倫理思辨的生成發展，皆起自於對自身知識生產的路徑與其限制的敏銳，以及在過程中，對於形式主義所帶來的儀式與虛度有所警戒。唯有到此誠實之境，人才可能始終地求知若渴，盡可能知所彌補此刻所知與對象困境之間的海溝。

相對於主動尋求諮詢或諮商協助的民眾，臺灣有關心理或精神的苦難工作，對象多源於社政、醫療與教育的通報系統，這群進到會談室的人們，正時值身體或心理上的危急時刻。時間帶來治癒亦能加深著苦痛，專業效能的要求，因而必須含括進工作者的倫理意識。早年經歷的漫長探索與經年累月的關係建立、分析，不得不面臨著難以迴避的倫理挑戰。

效能，指的是工作者能意識「問題概念化」的急迫性，以及，能及早完成評析——困境的核心是什麼、問題叢裡何者是關鍵何者是隨之而起的煙霧、能深刻理解對象與工作者自身狀態和生命情境的異同，以及能推演問題如何被建構與強化、現在與未來可能被促成的是什麼；接而與對象共同擬定並開啟行動改變計畫。於此同時，亦始終能考量時間具有政治性與經濟性，當國家社福預算可能隨國際政治經濟變化而無以為繼時，被攬進社會安全網的對象，仍能因專業系統曾經的短時介入而保有其主體、能動。

跟隨在權力之後的代價

資歷並不必然帶來熱切與效能。

工作者所需克服的，除了起初源於新手所伴隨的緊張，在朝向專業積累的路上，艱難之處在於當熟悉權力氣味與遊戲規則之後，能否依舊保持警覺以避免循祕徑遁入舒適溫室，將與他人交會時所遭遇的困難，輕舟滑過地，將之撥入「案主還沒準備好」「我不是神」「我的訓練只能走到這裡」「我們能做的只是陪伴」。這些言語，須經由不斷來回自我批判與評估的冶煉之後才能給出，而不是由於防衛而自然滑入的平庸。

當專業醉心於流暢碎語與用語華麗的炫技，我們於是遺忘：言語在人我之間，是為了用以鑿造出一座與對象接連上的長梯。專有名詞或玄妙華美敘說，因其無助於趨近眼前那人及其困境，使得問題落入迷霧裡。

技術雖具有其工具性價值，卻不是關鍵；實驗室裡的知識成果，亦不全然能複製貼用於現場，不必然得以即時支應苦難工作。現時的結構性困境，源於我們對於倫理與思辨的訓練不足與魯鈍、對於智性與生命世界不夠熱切渴望。工作者與對象，同時深陷在同一窟泥濘裡；而當工作者對世界仍感陌生與慌張，卻已因著證照而塗抹上專業大衣，這使得工作更加充滿險境。

而，在此工作歷程裡，冒的是誰的險？付出的代價由誰遭受？

學理與實務上總說，要和對象建立信任關係，然而，我們是否專業俱足？是否是值得被信賴之人？能否於其中嗅出專業的仕紳化——那些由證照、學位、薪資、氣勢、裝扮所構成的階級氣味？當權力與知識用以建造王國或作為自我實現，在此有關苦難的工作裡，涉及什麼樣的倫理議題？

專業知識與技術，不是一個堅固的王國或山頭，而是隨流域變化並用以承載生命世界的渡船。本質上的變動、保持敬畏、受限、願被改變、能動性，才得以使它終成既貧乏卻也豐盛的狀態。

面對既單數又複數的他者，我們碰觸著一處處深而未知的苦楚。正如同那下水道裡的清道夫、天文學家、照顧孩童的父母、木工學徒、鷹架上的工人、書寫的人、農地海裡的農人漁人一般，我們同樣需要專注的深情。表面上看來的行止流暢，都不是起於對任務的輕看，而是為了「那自身之外生命」的緊張與看重。

在李察·林克雷特（Richard Linklater）執導的電影《愛在黎明破曉時》（*Before Sunrise*）裡，女主角先是指著自己和男主角的胸口道：「神不存在你或我內心裡」，再接而指著她與男主角之間的空間，說：「祂存在於我們之間。」作為一名投注於與人有關的專業人員，不論知識或熱情或所有其他良善意念，並不存在「我們」的腦袋心智，而僅存乎於：在「我」與「那人」之間，我／你／他對你／他／我，做了什麼。

那個「之間」，曾／正／將發生了什麼、被促成與催化了什麼，正是作為一名這個領域的工作者存在的核心理由。此工作若存有神聖性，亦存在於此方。

將自己暫時放入括號裡

在地知識仍處蒙昧，而專業始終在成形的過程之中；任務複雜艱難，在靜謐空間與權力關係裡所生衍的無知與傲慢，亦難以被警戒凝視。苦難工作從業人員，因而必須發展自我督導的足夠效能。在倫理意識與行動上，工作者需要將自己暫時放入括號。

借用那短暫關係裡的有限權力，心繫眼前對象與其後，並對於自己是否朝向異化保持高度警覺。在倫理的前提與要求之下，將對象——而不是自己的身影——放在最前方。

在工作關係議題裡，曾經被強調的互為主體，往往在無聲息之間，走向工作者的自我救贖。然而，兩位主體的交會，只能是路徑之一，不能替位為目標或核心。否則我們將因失去對倫理責任的敏銳，而使對象被捲入工作者的困局。

總需要站在一個磨練的位置，對自己保有少量信任以及高度的自我懷疑。畢竟，此刻不論鄉鎮或都會，這島上的在地知識仍遠在邊陲，而大多數工作者，卻已然俱成專家或品牌的扮相。

工作者的良知與正直，關鍵影響著專業所宣稱對於苦難的介入，能走到多遠而有力之處。這個行業需要更多的美好特質，與自我實現無關、與成就無關、與爭戰山頭無關。

在所有的遭逢裡來回推敲，借助著工作者對世界與他人的真情，以及對苦難世界的涉入。不是旁觀，而是目睹；不是平行，而是交會。我們理當對於安坐舒適溫暖沙發、搖椅，從容聆聽他者的日常苦難，感到不安。

專業關係之所以有價值，即是建立在那樣的交會裡。不同於日常的私人關係，當中有工作者的任務與責任。是這樣的高度警覺與對足夠效能的嚴肅要求，讓專業關係的價值，迥異於商品化的邏輯，超越所被付予的費用。雙方彼此，並不成為物件或商品。談話與往來互動，得以不是商業交易或生意；人由中獲得自由，我們得以對這份因工作而來的任務，藏有深深敬意。

由形式、本位主義，走向公共事務參與者的位置

這張被喻為社會安全網的隙縫，或可稱之為缺漏，實則一一指出，關於專業／科學技術與知識的實踐，工作者所正面臨兩個不得不的回返：一是從溫暖靜謐會談空間，回返紛雜躁動的社會生活，另一則是嘗試由擬菁英式的局外人，返身浸入工作對象的生命世界。當工作者抗拒這兩個課題，將無可避免落

入失能的迴圈，並且，在不及察覺之際，以善為名，連帶將其所介入的眾生命世界，由邊緣撥落至底。

此間所浮現的失能，表面上是技術與智識的困窘，但已收織在手的誘人階級與知識權力，或許才是頑固的守門獸，阻擋工作者對困境發問、阻滯其追上變化多端的問題叢。事件因而總能鑽過無所不在的縫隙、共時發生在城市鄉鎮村野與幼兒青年老人。人們迴避、彼此指責、推出底層／邊緣代罪人，周而復始。

在資本主義的財富積累精神與市場經濟的強勢文化裡，專業工作者與非營利組織的思考或運作邏輯，實際上充滿異質。而整體社會概之以「助人工作者」的想像預設，與進而挹注的經濟法律或情感支援，正構築與強化著專業朝向集體弱化的生態。

社安網有關掉落與接住的隱喻，分別快捷地建構與解釋孱弱底層的受助者，所對應於具憐恤又有能的助人者，它框架出界線分明的兩方。一邊是單獨的、遭受的、無能為力的、趨近病理的案主，另一邊是各自運作、或青澀資深、或鞠躬盡瘁如禮行儀的一線專業人。

那隱隱將生命進行分類的線，輕便於快速清楚分類動員的方向，暗示也界定著以墜落為事實、個別性，以及專業體系退回底處的承接位置。

接住，隱含著一處處的被動彌補。在此端帶來工作者的耗竭，回應助人者慈善愛心的，不是「送花的手有餘香」的尊榮快樂，而成了薛西弗斯的巨石；「助人」的框架，藏有高貴的俯瞰視角，忽略其社會性、暗自定義為「受助者」個人遭遇，在另一端起造兩個後果——個體能動性的忽略，以及，略過對政治文化社會結構所共構之生活情境的反省檢視。因而國家政策與專業工作，長期以來，並未指向真實的止厄，只是不斷地修補綴飾著市場經濟所製造的苦難後果。

相對於傾力織造密實無所遺漏的「網」，此刻需要的是不同的隱喻，以及，習得蹲下與浸入的能力——對於所遭逢、目睹的現象，採取與以往不同的視界，接收但能越過對未知的不安，進而對複數且始終變異中的自身與外部世界全然開放。

對於問題的意識與相對應的技藝，牽引著心理從業人員能與對象走到何處。一份關於苦難的工作，可以不是徒勞。沒有人是助人工作者——是工作者作為公共事務參與者的角色意識，使得我們有了機會去視見所遭遇的，不是巨石，而是能動的主體。

能動性，所指向的是在遭逢災難困頓時，人作為事件遭逢者（encounter／sufferer），而不必然成為受害者（victim）。它們構成光譜上的兩端，後者傾向被動、個體即問題、結局已定的；而前者則相對具備主體性、能共同合作的、結局未定。

當整體社會仍將精神疾患或弱勢底層界定為社會問題的來源，隨之開張的安全網，不論其處遇介入是來自醫事人員的生理心理介入，或者社工的濟貧、就業促進、安置、家庭維繫與重整，此問題解決的觀點與模式，仍將高度受囿於個人主義。

當問題本質早已溢出於個人，終將遭遇困境難題：固定的流程式SOP提供了指引，同時亦形成了處遇淺層化與專業弱化，接而即是朝向隨處可見的耗竭與初始問題因不當介入而愈加複雜棘手；另一個已然動搖專業系統的困境，則是當問題隨時間累積地夠久，除卻平庸化的朝向，工作者亦因受困而個案化／受害者化，成為需要被救援的對象。[1]

災難現場，苦缺的不是更多員額，而是能將此刻工作效能淺層化與工作者個案化的顯見隱憂，轉向貼地能動的專業實踐。

而內部專業發展過程，亦須意識到不同專業系統間所存在的形式主義與本位主義。初始，分工是為了專業的分科發展，而後，跨領域的討論與合作出現巨大空隙。當形式主義取代對施受雙方的理解與解困，專業在各自領域／山頭裡平庸化，共構了工作者在各自專業事務上，用力卻失力的必然。

由分工到合作，仰賴三個基本問題與知道：誰可以做到什麼？做不到什麼？之間的模糊地帶與縫隙，有沒有人能夠橫跨銜接？專業發展階段的差異，存在於不同專業內部；理想上，位處網絡的每位工作者，都必須有足夠能力辨識自身以及執行另一專業的那人，專業發展分別走到多遠？如果未臻成熟，可以如何動員以接濟補上？

不同學院訓練與不同聲望，指向著不同的政治權力與社會文化威望。雖學理上並不如此劃分，階序（hierarchy）卻實際存在於心理（含括社福與醫事）相關專業領域。這樣的階序組織表面上看來能構成社安網不同系統間的分工，卻因既有縫隙而使得合作備其困難。

此刻專業系統面臨的是社會集體困境，此意味排山如海的長期個案潮，正淹沒著原本只作為特殊短暫時刻的處遇工作。如同新冠疫情高峰期，介治末端無法支應過重的負荷。大量的二、三級醫事人員的編列投入，不過表面地減緩了焦慮，卻無法長遠與核心地緩解社會苦難；政治經濟性地，集體忽略了苦難的源頭——初級預防工作；失落的家庭情感紐帶與基礎教育系統內稀薄的思辨訓練。異化與本位主義已然俱成具體生存方式與普世價值，社會生活即自生苦難。

封閉的階級觀難以促成不同系統間的合作，隨本位主義而生的排他，將縫蛀成了洞。現今網絡需要的是縫合，而它仰賴著各單位對等的討論。

在權力與階級對專業網絡的不利影響還沒有被指認出來之前，安全網的偌大間隙即成必然。光有專業技術還不夠，待啟動的按鈕是能與其專業進入合作關係。那是彼此互為補充的流動，不是階級上的高低劃分。需要不同領域間願意且有能力對接疊合——具備彈性、超越本位主義與形式主義的合作動員。

等待被喚回的正直與良知

這份備忘錄文字不是「心理從業人員」與「案主」的工作紀錄或報告。它試圖以不同生命與其所身處的苦痛為起點，接而回頭反省廣義的「助人工作」領域——社會工作、心理諮商與精神醫療等不全然以營利為核心目的的產業。它們不同於以追求利益為至高價值的資本主義邏輯，亦不同於立基於熱忱與愛心的助人志工組織，其核心價值與形式，係建立於對於他人的苦痛受難的全力／全職投入。

工作既是田野，也是隨堂考，用以檢驗我們的理解是否貼近、有否離題，以及所採取的行動對於個人、整體是否有意義。因而這裡所記錄下來的人與事件，並不特殊、個別，相反的，在複雜的事件裡，他們被可見的社會歷史政治與不可預料的際遇，推進了前端。那站在前頭受苦的精神與肉身，揭露著集體社會需要的動念與反省。

即使世界並不一定能被清晰指出，但至少可試圖透過一片片拼圖，不斷在空間群移動、轉向，去拼湊出現象、問題、暫時的答案。此嘗試並非意圖建立另一種強勢的絕對觀點，相反的，是以多重理解作為實踐與探路的可能。

借用娜塔莉．戴維斯（Natalie Z. Davis）的話，我期待能如此界定自己此刻的身分位置：「我希望，我是個知識分子，而不只是專業人士。」知識分子——我所對自己說的——是永遠對現象發出疑問，並窮其力探求更清晰而深刻的理解，直至能夠回答發問。

這麼多事件正在發生，我們看見了什麼？

在歡愉或逃避或痛苦之餘，人們都值得或多或少的，為自己的生命投入一絲嚴肅，是這樣與輕蔑相反的嚴肅時刻，使得正直與良知得以緩解市場經濟世界的瘋癲，成為了可能。

注釋

1 此處自然不適宜將此狀況將之命名為「替代性創傷」，這用語循著病理化的歸因，將再次地，無視於其前述結構性的困境來源。

Voice

春山之聲 043

受苦的倒影：一個苦難工作者的田野備忘錄

Reflection(s) of／on Suffering

作者　魏明毅
總編輯　莊瑞琳
責任編輯　莊舒晴
行銷企畫　甘彩蓉
封面設計　廖韡
內頁排版　張瑜卿
法律顧問　鵬耀法律事務所戴智權律師

出版　春山出版有限公司
地址　116臺北市文山區羅斯福路六段297號10樓
電話　(02) 2931-8171
傳真　(02) 8663-8233

總經銷　時報文化出版企業股份有限公司
地址　桃園市龜山區萬壽路二段351號
電話　(02) 2306-6842

製版　瑞豐電腦製版印刷股份有限公司
印刷　搖籃本文化事業有限公司
初版一刷　2023年3月
初版二刷　2023年12月
定價　400元

國家圖書館出版品預行編目（CIP）資料

受苦的倒影：一個苦難工作者的田野備忘錄／魏明毅作
—初版．—臺北市：春山出版有限公司，2023.03
—面；14.8×21公分．—（春山之聲；43）
ISBN 978-626-7236-13-0（平裝）
1.CST：社會工作　2.CST：文集
547.07　　112000199

春山 出版　填寫本書線上回函

EMAIL　SpringHillPublishing@gmail.com
FACEBOOK　www.facebook.com/springhillpublishing/

All Voices from the Island

島嶼湧現的聲音